live

Gotland

Ralf Schröder

GU GRÄFE UND UNZER

Während der Mitteralterwoche kleidet sich ganz Gotland entsprechend

INHALT

Willkommen auf Gotland

Gotland erleben

Sehenswerte Orte und Ausflugsziele

Routen und Touren

Wichtige Informationen

Achtung! Die Rechtschreibung dieses Buches orientiert sich an der schwedischen Orthographie. Erst am Ende des Alphabets folgen deshalb die Buchstaben Å, Ä und Ö.

Karten und Pläne

Gotland ist nicht Schweden, sagen Schweden wie Gotländer. Das hat nicht nur mit dem historischen Sonderweg zu tun, sondern auch mit dem Klima.

Gotland ist Kultur pur für die einen, Sonne und Strand für die anderen, Aktivurlaub für die Dritten. Auf knapp 150 Kilometern Länge und einer Breite von bis zu 50 Kilometern bietet die schwedische Ostseeinsel überraschend viel Abwechslung. Daß sie als **annorlunda**, als anders, angesehen wird, hat viele Gründe. Gotland und die nördliche, zu Gotland zählende Insel Fårö bestehen überwiegend aus Kalkstein. Der Waldreichtum Südschwedens beschränkt sich auf Gotland auf einzelne kleine Wäldchen. Statt dessen finden sich karge Heidelandschaften, die das Grüne gewohnten Schweden fast als Steppe empfinden. Bei der Bauweise der Häuser dominiert Stein, meist Kalkstein, so daß sich die für Restschweden so typischen roten Holzhäuser in der Minderzahl befinden. Die Optik von Stadt und Land auf Gotland unterscheidet sich augenfällig vom Festland. Es folgt der Kulturschock. Obwohl bereits Schweden im Vergleich zu seinen nordischen Nachbarn reich an historischen Zeugnissen ist,

Die Fischerei spielt nur noch eine untergeordnete Rolle

kann Gotland noch eine Steigerung vorweisen. Von der Frühzeit bis zum ausgehenden Mittelalter prosperierte der Handel, denn die wichtigen Verkehrswege der Ostsee führten über Gotland. Visby war Dreh- und Angelpunkt im Ostseehandel und hätte mächtiger als Lübeck werden können, hätten die Hanseaten die Gotländer nicht über den Tisch gezogen.

Sonneninsel Gotland

Da das Klima trockener und sonniger als auf dem Festland ist, zieht es vor allem schwedische Urlauber nach Gotland. Während in Hamburg die durchschnittliche Niederschlagsmenge pro Jahr bei 715 Millimeter und in München bei 935 Millimeter liegt, kommt Visby nur auf 530 Millimeter und auf über 1900 Sonnenstunden pro Jahr. Ursache ist das Kalksteinplateau, das Wärme speichert und so ein Mikroklima schafft, das die Wolken vertreibt. Das läßt sich gelegentlich ganz konkret beobachten. Rund um die Insel ist der Himmel bewölkt, doch über Gotland klafft ein blaues Loch in der Wolkendecke. Dies ist auch die Ursache für die meist warmen, schönen Herbsttage auf Gotland. Warm ist dabei ein relativer Begriff, denn Gotlands maritimem Klima sind große Temperaturschwankungen fremd. Zwischen 20 und 30 Grad sind im Sommer nicht unwahrscheinlich, wobei im Vergleich zum Rest Skandinaviens die Regenarmut das bessere Argument ist. Um bis zu einem Viertel unter

Das Schaf
ist das Wappentier der Insel

dem ohnehin niedrigen Stockholmer Niveau liegt die gotländische Niederschlagsmenge im Juli.

Was für den Urlauber gut ist, mögen die Bauern noch lange nicht. Heidelandschaft und nackter Kalkstein lassen vermuten, daß die Landwirtschaft problematisch ist. Schaut man sich aber die mittelalterlichen Landkirchen in ihrer Pracht an und die großen Höfe, wird man schnell eines Besseren belehrt. Gotlands Bauern ging es durch die Jahrhunderte so gut, daß sie eine ständige Konkurrenz zu den Bürgern der Hansestadt Visby waren. In der Tierhaltung überwiegt bis heute das Wappentier Gotlands: das Schaf. Nicht irgendein Schaf darf es sein, nein, das Gotland-Schaf muß es sein. Es zeichnet sich durch seine großen ge-

44 Türme prägen die
zwischen dem 13. und dem 15. Jahrhundert
errichtete Stadtmauer von Visby

schwungenen Hörner aus, die mehr an Steinböcke als an Schafe erinnern. Auf der Ostseeinsel gibt es mehr Schafe als Einwohner, soviel ist sicher. Das fällt bei nur 57 000 Einwohnern nicht weiter schwer. Die Schafe müssen ihre Haut für allerlei Handwerk zu Markte tragen. Wollprodukte vom Pullover bis zum Teppich sind ebenso zu haben wie Jacken, Mäntel und Hüte aus Lammfell. Die Kühe fristen dagegen ein Schattendasein. Ihre traditionelle Weide ist der **löväng**, die »Laubweide«. Die Vierbeiner werden auf eine Weide im Laubwald gejagt, gern mit Eichen bestanden. Dort können sie sich an den Eicheln gütlich tun. Auf dem nährstoffreichen Boden gedeiht auch Getreide, doch liegt die Ernte meist früher als auf dem Festland. Die Sonne läßt Wiesen und Felder schnell braun werden, wenn nicht rechtzeitig Heu gemacht und geerntet wird. In früheren Zeiten waren die meisten Bauern gleichzeitig Fischer. Ihre Fischerhütten am Strand dienten nur der Aufbewahrung von Netzen und Bootsausrüstung. Entsprechend klein sind sie. An der Ostküste liegen sie um natürliche Häfen herum, auf Fårö und an der Westküste gibt es noch vereinzelt Strandhütten, vor denen die Boote einfach an Land gezogen wurden.

Es ist die Nähe von Landwirtschaft und Fischerei, die den Reiz der Insel ausmacht. Hier wogende Felder, dort der pittoreske Fischerhafen, als sei seit hundert Jahren nichts mehr verändert worden. Netze hängen an Trokkengestellen, als würde noch täglich zum Fang hinausgerudert. Die Tradition gebietet den Gotländern, die Fischerhütten und

Auch für den Handel ist Visby der Mittelpunkt

Bootshäuser nicht verfallen zu lassen. Und außerdem nutzt man sie noch – ein bißchen jedenfalls. Zum Leben wird das Netzgewerbe Fischerei nicht mehr benötigt, ganz darauf zu verzichten gehört sich aber nicht auf Gotland. Und so kommt es, daß ohne Not noch altertümliche, offene Holzboote im Betrieb sind.

Den Bauern ging es generell nicht schlecht, obgleich es auf der 3000 Quadratkilometer großen Insel natürlich regionale Unterschiede gab. Fårö und die Region an der Westküste nördlich von Visby hatten weit weniger gute Erträge als die reichen Gegenden zwischen Dalhem und Hemse, zwischen Roma und Klintehamn. Von 94 Landkirchen stammen 92 aus dem Mittelalter. Sie sind keine bescheidenen Dorfkirchen, sondern große, reichausgestattete Gotteshäuser, die keinen Vergleich mit den Kirchen Visbys scheuen mußten. Man sieht es ihnen an: Diese Bauern hatten Macht.

Das erklärt auch die starke Stadtmauer Visbys. Die Seemauer baute man gegen äußere Feinde, doch die Landmauer richtete sich gegen die Bauern Gotlands. Städtische Handelsprivilegien und bäuerliche Macht, das paßte im Mittelalter auf Gotland nicht zusammen. 1163 hatte Heinrich der Löwe, Gründer Lübecks, in der Artlenburg-Urkunde den Gotländern das Recht auf freien Handel mit dem Herzogtum Sachsen verbrieft. Münzfunde machen deutlich, daß die 90 Kilometer vom schwedischen Festland und 130 Kilometer vom Baltikum entfernte Insel mindestens seit dem 9. Jahrhundert Dreh- und Angelpunkt des Ostseehandels gewesen sein muß. Visby selbst, das sich damals noch Wisby schrieb, wird urkundlich erstmals 1203 erwähnt. Bereits zu diesem Zeitpunkt bestanden intensive Handelsbeziehungen über die Ostsee nach Lübeck. Als Kern der Hanse gilt die 1161 gegründete »Genossenschaft der Gotland besuchenden Kaufleute des Römischen Reiches«. Visby kam nun zunehmend unter den Einfluß der wendischen Hansestädte Lübeck, Wismar und Rostock. Der Bau der Stadtmauer führte 1288 zu einem Bürgerkrieg zwischen Stadt und Land, zwischen Bürgern und Bauern. Mit dem Sieg Visbys wuchs die wirtschaftliche Potenz. Dem Dänenkönig Valdemar Atterdag war dies ein Dorn im Auge. Das Erstarken der Hansestädte war dem Dänenkönig nicht nur wirtschaftlich unangenehm, sondern auch politisch. Schließlich waren die kaufmännisch regierten Städte im Vergleich zur absoluten Monarchie geradezu demokratisch organisiert.

Wem gehört Gotland?

1361 fiel Valdemar Atterdag mit seinem Heer auf Gotland ein. Er schlug zunächst die Bauern in einer blutigen Schlacht. Visbys Bürger hofften noch, daß der Kelch an ihnen vorübergehen möge. Sie sollen auf den Mauern gestanden und das Gemetzel beobachtet haben. Danach wurde Visby geplündert.

Der Einzug Valdemar Atterdags findet jedes Jahr zur Mittelalterwoche aufs neue statt. Ironie der Geschichte: In Visby selbst gibt es keine Pferde. Also werden Valdemar und seine berittenen Kämpen von Bauern dargestellt, die nun, sechshundert Jahre später, wie Sieger durch die Stadttore reiten dürfen. Dänen sind nur als Besucher zugelassen. Die Mittelalterwoche ist nicht nur der Höhepunkt des Sommers, sie ist auch ein Ausdruck der kulturellen Identität der Gotländer. Man ist sich der Geschichte Gotlands ausgesprochen bewußt und weiß um den Sonderstatus der Insel.

Mit dem Überfall des dänischen Heeres begann der langsame Abstieg Visbys. Es wurde zum Zankapfel der Ostseemächte. Nicht nur die Dänen hatten ein Auge auf die wohlhabende Insel geworfen, auch die Vitalienbrüder – der bekannteste war Klaus Störtebeker – fielen regelmäßig ein. Begehrlichkeiten bestanden beim Deutschen Orden wie bei der Hanse. 1525 griff das lübsche Heer Visby an und schlug die sogenannte Lübecker Bresche in die Nordmauer. Der Einfluß Dänemarks, das Gotland noch sein eigen nannte, schwand. Doch erst 1645 kam Gotland formell zu Schweden. Nach einem weiteren dänischen Überfall gehört es seit 1679 ohne weitere Unterbrechung zu Schweden. Die Standpunkte der schwedischen Geschichtsschreiber weichen ein wenig voneinander ab. Die einen behaupten, Gotland sei zuvor selbständig gewesen und 1645 von der aufstrebenden Großmacht Schweden einfach einver-

Einsamkeit total: Herrvik auf der Halbinsel Furilden

leibt worden. Die anderen meinen, Gotland habe im Prinzip immer zu Schweden gehört, sei aber wie die Provinzen Skåne, Halland und Blekinge von den Dänen vorübergehend besetzt gewesen. Für die Gegenwart wichtig ist eigentlich nur, daß die wirtschaftliche Potenz Visbys unter dänischer wie schwedischer Herrschaft schwand. Dadurch fiel Visby in eine Art Dornröschenschlaf, der Stadtmauer, Kirchenruinen, Handelshäuser und viele andere Zeugnisse der Hansezeit konservierte. Neu »entdeckt« von den Festlandsschweden wurde Gotland eigentlich erst wieder in der Romantik im 19. Jahrhundert. Bereits 1805 wurden die Ruinen der Stadt unter Denkmalschutz gestellt. Das größte touristische Kapital, die Altstadt, würdigte 1995 auch die UNESCO. Das historische Zentrum von Visby wurde zum schützenswerten Weltkulturgut erklärt. Das schmeckt durchaus nicht allen Bürgern, denn die UNESCO fordert als Gegenleistung für diesen Status bestimmte Schutzmaßnahmen. Dazu zählt die Verbannung des Autoverkehrs aus dem Stadtmauerring.

Was die Stadtverwaltung aus dieser Forderung gemacht hat, ist leider ein fauler Kompromiß. Einbahnstraßen, Durchfahrt verboten, Anlieger frei – wer als Urlauber sein Hotel oder die Ferienwohnung im Zentrum sucht, verzweifelt im Labyrinth der Gassen an der Ausschilderung. Die Einheimischen hingegen fahren fröhlich weiter. So verärgert man

Historische Wegkreuze sind noch vielfach zu finden

Gäste, eine intelligente Lösung mit Hotelparkplätzen am Stadtrand und einem guten Zubringerservice würde sicher akzeptiert. Lieferanten der Geschäfte können in Visby sowieso nur kleine Lieferwagen einsetzen, sonst würden sie an der nächsten Straßenecke hängenbleiben.

Das Problem der Arbeitsplätze

Das moderne Gotland ist immer noch von der Landwirtschaft geprägt. Immerhin 15 Prozent der Erwerbstätigen sind mit Ackerbau und Viehzucht beschäftigt. Die Vergleichszahl auf dem Festland liegt nur bei drei Prozent. Zweitwichtigster Wirtschaftszweig ist der Tourismus mit rund

2000 Beschäftigten. Die Kalksteinindustrie, die vom 16. bis 19. Jahrhundert für einen gewissen Wohlstand sorgte, ist nur noch im Norden optisch deutlich präsent. Gegenüber von Kappelshamn liegt Storugns, wo in großem Stil Kalkstein verarbeitet wird. Cementa, Schwedens größte Zementfabrik, liegt bei Slite. Hier werden 60 Prozent des schwedischen Zementbedarfs produziert! Mit rund 400 Angestellten und Arbeitern ist Cementa für den Norden Gotlands ein wichtiger Arbeitgeber. Gezielt auf Gotland gesetzt hat auch der Elektronic-Riese Ericsson. Mit etwa 1000 Mitarbeitern ist das Werk der größte einzelne Arbeitgeber der Insel. Bis 1993 gehörte es zum Bereich Telekommunikation, seitdem ist es dem Bereich Radioproduktion bei Ericsson zugeordnet.

In wirtschaftlicher Hinsicht wird Gotland wohl nie wieder die zentrale Rolle in der Ostsee spielen. Die Insulaner sind schon froh, wenn ihnen die mühsam geschaffenen Arbeitsplätze erhalten bleiben. Immerhin konnte die Inselflucht der jungen Leute gestoppt werden. Trotzdem träumen die Gotländer weiterhin davon, der Nabel der Ostsee zu sein. Mit einem literarischen Übersetzerzentrum, das von Übersetzern aller Ostseeanrainerstaaten genutzt wird, mit einem Filmfestival und anderen Veranstaltungen probiert man, zumindest auf kulturellem Gebiet verlorenes Terrain wettzumachen. Denn stolz sind die Gotländer schon auf ihre Geschichte. Da die meisten keine Lust haben, ihre Insel zu verlassen, arbeiten sie für die Zukunft Gotlands. Und die ist schon viel rosiger, seit der Eiserne Vorhang zwischen West und Ost gefallen ist. Irgendwie liegt Gotland nun doch wieder im Zentrum der Ostsee.

HÖRTIP

Einen Lesetip kann man für Gotland nicht geben, es ist nichts übersetzt, was von Gotland handelt. Aber der schwedische Jazz-Posaunist Nils Landgren hat eine wunderbare CD unter dem Namen **Gotland** veröffentlicht. Sein Großvater war Pastor, ihm und den gotländischen Kirchen ist die ruhige, fast meditative Platte gewidmet. Neben Landgren spielt noch der international bekannte Jazz-Trompeter Tomasz Stanko mit. Aufgenommen wurde die CD allerdings in Kirchen in Stockholm und Hamburg. Nils Landgren, Tomasz Stanko: Gotland. ACT World Jazz 1996

Der Leuchtturm von Näsholm an der Ostküste

Nach Gotland zu kommen braucht ein wenig Zeit. Ein bis zwei Tage muß man einrechnen, denn zwei Fährüberfahrten sind mindestens nötig.

Mit Auto und Fähre

Wer mit dem Auto nach Gotland fahren möchte, muß zunächst einmal einen Teil Südschwedens durchqueren, denn eine Direktverbindung von Deutschland gibt es nicht. Dabei steht eine Reihe von Alternativen zur Verfügung. Von Kiel aus verkehrt die Stena Line täglich über Nacht nach Göteborg. Von den Abfahrts- und Ankunftszeiten sowie dem Service an Bord ist dies die bequemste Wahl. Die Überfahrtszeit beträgt 14 Stunden. Von Göteborg aus sind es 328 Kilometer quer durchs Land bis Oskarshamn, wo die Gotlandfähren ablegen.

Ähnlich bequem sind die Nachtüberfahrten mit TT-Line. TT-Line fährt mehrmals täglich von Travemünde und Rostock nach Trelleborg und bietet als einzige Reederei Durchlösetickets nach Gotland an. Von Trelleborg aus sind es 354 Kilometer bis nach Oskarshamn. Die Überfahrtszeit von Travemünde aus beträgt tagsüber siebeneinhalb Stunden und nachts neuneinhalb Stunden. Die Fahrpläne der beiden Fährschiffe und der beiden Frachtfähren sind auf optimale Zeitausnutzung ausgerichtet. Preislich interessant sind die **Combicarrier** genannten Frachtfähren, die in erster Linie für den Schwerlastverkehr gedacht sind. Wer nicht mehr von einer Fähre verlangt als eine ordentliche Kabine, ein Essen, das Trucker satt macht, und einen günstigen Preis, sollte die Combicarrier von TT-Line in Betracht ziehen. Ganz anders das Konzept von Rostock aus: Dort setzt TT-Line seit Mai 1996 einen **Hochgeschwindigkeitskatamaran** ein, der die Strecke in weniger als drei Stunden zurücklegt. Das gemütliche Gefühl, an Deck einer Fähre zu stehen, ist zwar verschwunden, dafür geht es aber viel schneller. Diese Route ist vor allem für Berlin und die ostdeutschen Bundesländer interessant. Wenn die Ostseeautobahn auf deutscher Seite fertiggestellt ist, wird Rostock auch für den übrigen norddeutschen Raum eine interessante Alternative als Fährhafen.

Wer von Osten kommend ein konventionelles Fährschiff bevorzugt, kann mit DFO Hansa Ferry von Rostock oder Saßnitz aus nach Trelleborg reisen. Sechs Stunden dauert die Überfahrt auf den schlicht gehaltenen Schiffen der DFO. Die meisten Kilometer schluckt man, wenn die Vogelfluglinie benutzt wird. Denn hier

Die übliche Anreise erfolgt mit dem Schiff

sind es rund zweihundert Kilometer durch Dänemark, wo man entweder von Helsingør nach Helsingborg oder von Dragør bei Kopenhagen nach Limhamn bei Malmö übersetzt. Der Vorteil dieser Strecken liegt in der häufigen Zahl der Abfahrten. Puttgarden–Rødby wird halbstündlich befahren, Helsingør–Helsingborg alle zwanzig Minuten. Man bleibt bei der Gestaltung der Reise flexibler, es sei denn, daß in der Hauptreisezeit lange Wartezeiten auf Rødby–Puttgarden fällig werden. Von Helsingborg aus sind es übrigens 309 Kilometer bis Oskarshamn.

Die Wahl der Anreise nach Schweden ist von persönlichen Fragestellungen abhängig. Die Ankunftshäfen in Schweden weisen in der Entfernung nach Oskarshamn nur geringfügige Unterschiede auf. Wer partout nicht auf der Fähre übernachten mag, sollte entweder eine Tagesabfahrt (TT-Line, DFO), die Katamaranverbindung (TT-Line) oder den Landweg über die Vogelfluglinie und Dänemark (DFO) wählen. Wer dagegen die Zeit optimal nutzen möchte, wählt die Nachtfähre (Stena, TT-Line) und hat tagsüber Zeit für die weitere Anreise. Preislich schlagen nur die Kabinen zu Buche, die reinen Passagepreise unterscheiden sich nicht sonderlich stark. Wer über Dänemark fährt, muß ohnehin das Benzingeld zur Fähre hinzurechnen, wer tags fährt, eine Zwischenübernachtung einkalkulieren.

Von Oskarshamn aus fährt **Gotlandslinjen** je nach Saison ein- bis zweimal täglich hinüber nach Visby. Die Überfahrt dauert tagsüber vier Stunden, nachts fährt man sechseinhalb Stunden, damit wenigstens etwas Schlaf möglich ist. Leider sind die Fahrpläne der Gotlandfähren auf keine der Anschlußfähren abgestimmt. In der Hauptsaison ist beispielsweise die Mittagsfähre ab Oskarshamn nur mit viel Glück und Fahren ohne Pause von Trelleborg aus zu erreichen, obwohl man dort an einigen Tagen bereits um halb sieben Uhr ankommt. Von Göteborg aus ist der direkte Anschluß nicht zu schaffen. In der Nebensaison von Januar bis Anfang Juni und wieder von Mitte August bis Jahreswechsel sieht es noch komplizierter aus, die passende Abfahrt zu finden. Hier ist noch einiges zu tun, um die Fahrpläne der Gotlandfähren zu optimieren. Der wichtigere Hafen für die Gotländer aber ist Nynäshamn bei Stockholm. Für Urlauber ist er nur dann interessant, wenn man zuvor eine Rundreise gemacht hat und von Norden oder aus Stockholm kommt. Sonst lohnt der Umweg nicht. Gotlandslinjen setzt ab Nynäshamn neben konventionellen Fähren im Sommer auch einen Hochgeschwindigkeitskatamaran ein, der nur zweieinhalb Stunden benötigt. Sinnvoll ist die in der Hauptsaison mögliche Kombination von zwei Nachtüberfahrten, zunächst nach Schweden, dann nach Gotland. Dadurch läßt sich die Fahrt durch Schweden entspannt gestalten. Wer um halb acht morgens in

Trelleborg oder um neun in Göteborg ankommt, hat ohnehin keine Chance, die Fähre um zwölf in Oskarshamn zu erreichen.

Die Fähren nach Gotland werden staatlich subventioniert. Deshalb erhält jeweils nur eine Reederei auf zehn Jahre die Lizenz, Fährschiffe zwischen dem schwedischen Festland und Gotland einzusetzen. Zum Jahresende 1997 läuft die Lizenz vonGotlandslinjen aus. Ab Januar 1998 wird Gotlandsbolaget die Strecke übernehmen. Gotlandsbolaget, ein Mischkonzern mit Sitz auf der Insel, hatte die Lizenz bereits bis 1987 inne, bevor der Mitbewerber aus Stockholm sie für zehn Jahre zugesprochen bekam. Der Wechsel bedeutet, daß vermutlich alle Schiffe auf den Routen ausgetauscht werden. Auf Gotland hofft man außerdem, daß der zukünftige Fahrplan die Belange der Touristen stärker berücksichtigt.

Mit dem Flugzeug

Von Mai bis September fliegt Lufthansa einmal wöchentlich direkt von Hamburg nach Visby. An anderen Wochentagen und den Rest des Jahres muß man über Stockholm oder über Göteborg fliegen. Stockholm ist mit **Lufthansa, SAS** und **Finnair** von Deutschland aus nonstop zu erreichen, Göteborg nur mit SAS und Lufthansa. SAS hat seine Verbindungen von Stockholm aus nach Gotland eingestellt, vom internationalen Flughafen Stockholm-Arlanda fliegt die innerschwedische **Airline Skyways**. Vom kleineren Flughafen Stockholm-Bromma, der näher am Zentrum Stockholms liegt, fliegt **Malmö Aviation** nach Visby. Da die internationalen Flüge aber in Arlanda landen, muß man per Bus oder Taxi nach Bromma fahren. Wenn die Anschlüsse passen, kann deshalb die Verbindung mit Malmö Aviation von Göteborg nach Visby eine interessante Alternative sein.

Trelleborg ist für viele Zwischenstation

Mit der Bahn

Die Anreise mit der Bahn kann man vergessen, zu umständlich ist die Verbindung von Süden nach Oskarshamn. Wer Bummelzüge, Kursbücher und Umsteigebahnhöfe liebt, hat hier die richtige Strecke gefunden.

Wer nicht mit dem Auto nach Gotland fährt oder einen Mietwagen ausleiht, kann die Ostseeinsel mit dem Fahrrad erkunden.

Die Hauptverkehrsstraßen auf Gotland sind ebenso gut ausgebaut wie auf dem Festland. Sternförmig führen die meisten großen Straßen nach Visby. Zwischen den Dörfern gibt es zahlreiche kleine Landstraßen, die überwiegend in einem ordentlichen Zustand sind. Schnell fahren kann man hier aber nicht. Das gilt erst recht für die geschotterten Nebenstraßen und Wege, die sich vereinzelt noch finden. Die **Geschwindigkeitsbegrenzungen** liegen wie sonst auch in Schweden bei 90, 70 und 50 Kilometern pro Stunde, je nach Ausschilderung. Da nicht viel Verkehr auf den Straßen herrscht, neigen auch die Gotländer dazu, gelegentlich zu schnell zu fahren. Aber Vorsicht – auch wenn man sich auf einer Insel befindet, wo jeder jeden kennt, gibt es hier Polizeikontrollen. Wird man bei Übertretungen erwischt, wird es teuer. Die in Deutschland üblichen Meßtoleranzen werden in Schweden nicht abgezogen. Ähnlich klar geregelt ist das Thema Alkohol am Steuer. Die **Alkoholgrenze** in Schweden liegt bei

Auf Gotland gibt es mehr Schafe als Einwohner

0,2 Promille, wer mehr intus hat, wird drastisch zur Kasse gebeten und muß um den Führerschein fürchten.

Die für Schweden typische Nebenspur, die durch eine gestrichelte weiße Linie abgeteilt wird, gibt es nur auf wenigen Straßenabschnitten. Hier fahren Traktoren, Fahrräder und langsamere Fahrzeuge, wenn jemand sie überholen möchte. Es ist zwar üblich, daß man Platz macht, wenn ein schnelleres Fahrzeug von hinten kommt, doch man muß nicht. Wer nach rechts ausweicht, muß Rücksicht nehmen auf eventuell noch langsamere Verkehrsteilnehmer, insbesondere Radfahrer. Wer trotz freier Nebenspur an der Mittellinie klebt, darf sich über Unverständnis der nachfolgenden Fahrer nicht wundern. Gerade weil so wenig Verkehr ist, sollte man nicht vergessen, auch tagsüber mit **Abblendlicht** zu fahren. Pflicht ist es ohnehin. Wichtiger für einen angenehmen Aufenthalt ist es fast noch, das Licht auch wieder auszuschalten. Wenn auf Fårö die Batterie leer ist, hilft nur der Traktor des nächsten Bauern, die Pannenhilfe ist weit weg. Ein Pflaster mit der Frage »Licht?« auf dem Armaturenbrett hilft unangenehme Überraschungen vermeiden.

Mietwagen oder Busfahren?

Die Preise für **Mietwagen** sind in den letzten Jahren auf ein akzeptables Niveau gesunken, obwohl sie immer noch nicht preisgünstig genannt werden können. Wer die Fluganreise wählt und nur eine Woche bleiben möchte, sollte den Mietwagen im Paket mit dem Flug über einen Veran-

Der besondere Tip

Ob mit dem Auto oder per Rad, manchmal sollte man einfach einem Weg folgen, ohne zu wissen, wohin er führt. Die Insel setzt natürliche Grenzen beim Verfahren, und den gleichen Weg zurück findet man immer. An den geschotterten kleinen Wegen entdeckt man so vielleicht frühzeitliche Gräber, eine Lichtung für das Picknick oder abgeschiedene Buchten mit Sandstränden, die zum Bad einladen. Das Risiko, etwas falsch zu machen, ist sehr gering. Die Chance, Naturschönheiten ganz ungeplant zu entdecken, ist hingegen sehr groß. Ohne Uhr, ohne Landkarte und ohne festes Ziel reicht es auf Gotland gelegentlich aus, sich am Stand der Sonne zu orientieren.

stalter buchen. Wer länger bleiben möchte, fährt mit dem eigenen Wagen meist besser. Im Stadtverkehr in Visby stehen **Taxis** zur Verfügung. Wer abends aber noch ins 20 Kilometer entfernte Ferienhaus kommen möchte, tut gut daran, nüchtern zu bleiben und selbst zu fahren. Per **Bus** kann man auf Gotland die Dörfer fast alle erreichen. Die Fahrpläne sind auf die Bedürfnisse von Schulkindern, Berufstätigen und Ortsansässigen ausgerichtet. Einen deutschsprachigen Busfahrplan gibt es nicht, man muß ein paar Brocken Schwedisch können und sich mit Fahrplänen auskennen, um sich zurechtzufinden. Sitzt man erst als einziger Tourist im Bus, ist es ausgesprochen nett und unterhaltsam, sich geruhsam über die Insel schuckeln zu lassen. Der komplette Busfahrplan wird in den schwedischsprachigen Touristenzeitungen (**GotlandsTuristen**) abgedruckt, die kostenlos im Touristbüro zu haben sind.

Fahrrad

Das Fahrrad ist das Verkehrsmittel, mit dem man Gotland am intensivsten erleben kann. Durch die geringen Höhenunterschiede, die einsamen Straßen und Wege ist eine Rundreise per Rad sehr erholsam. Mehrere Radwege sind ausgeschildert. Mehrere Anbieter auf Gotland bieten Fahrräder mit Anhänger und Campingausrüstung an. Zelt, Isomatte und Kochgeschirr gehören zur Grundausstattung. Kindersitze, Kinderräder und Tandems sind ebenso erhältlich. Bei einigen Veranstaltern sind Pauschalreisen mit Flug, Mietrad und Campingausrüstung buchbar.

Als Radlerinsel ist Gotland ideal

Die meisten deutschen Urlauber wohnen in Ferienhäusern oder machen Camping. Doch es gibt auch gute Hotels und nette Pensionen auf der Ostseeinsel.

Die klassische Übernachtungsform auf Gotland sind **Ferienhäuser**. Die meisten befinden sich auf dem Lande. Mal ist es das ehemalige Altenteil auf dem Bauernhof, mal eine kleine Ferienhaussiedlung, mal eine Wohnung mitten in Visby und mal eine charmante alte Holzvilla. Der Standard der Inneneinrichtung ist vom Geschmack der Besitzer abhängig, überwiegend aber eher einfach und zweckmäßig. Man kann die privaten Ferienhäuser auf Gotland nicht mit professionell betreuten Ferienhäusern wie beispielsweise an der dänischen Westküste vergleichen. Das macht sich bei den Preisen angenehm bemerkbar. In der Sparsaison von September bis April sind die Häuser mit 400 bis 500 DM pro Woche sehr günstig. Auch in der absoluten Hochsaison im Juli liegen die Wochenpreise nur selten über 1000 bis 1400 DM. Erfreulicherweise sind die Stromkosten in der Regel im Preis enthalten. Die örtlichen Anbieter sind Gotlands Turistcenter und Gotlands Turistservice. Beide sind entweder direkt oder über die Skandinavienspezialisten unter den deutschen Reisebüros buchbar (→ Reiseveranstalter, S. 119).

Camping ist nicht nur bei Fahrradurlaubern beliebt. Auf der Suche nach Campingplätzen kann man allerdings die eine oder andere Überraschung erleben. Zwischen Visby und Klintehamn liegen sie noch recht nahe beieinander, doch südlich von Klintehamn und nördlich von Visby wird es dünn. Wer also mit Rad und Zelt unterwegs ist, muß oder darf gelegentlich das schwedische Allemansrätt in Anspruch nehmen und wild campen. Solange dabei die Regeln eingehalten werden und kein Müll zurückbleibt, ist das wilde Campen auch akzeptiert. Der ADAC Campingführer verzeichnet nur die vier Plätze (in Visby zwei, Tofta und Åminne) und bewertet die Sanitärausstattung bestenfalls mit durchschnittlich. Im Verzeichnis des Schwedischen Campingverbandes ist gar nur der Platz in Tofta als SCR-Mitglied aufgeführt. Die übrigen Zelt- und Campingplätze, die auf der gotländischen Touristenkarte eingezeichnet sind, halten als Naturplätze den Kriterien internationaler Kategorisierung nicht stand. Doch wer einen Sandstrand fast für sich allein findet, ist vielleicht auch zu gewissen Abstrichen beim Platzkomfort bereit.

Hotels und Pensionen

So familiär wie der gesamte Tourismus auf Gotland sind auch die Hotels und Pensionen. Bettenburgen sind völlig unbekannt, mehr als hundert Zimmer können nur zwei Häuser vorweisen. Die Luxusklasse glänzt durch völlige Abwesenheit, die obere Preisklasse kann nur vereinzelt mit Suiten erreicht werden. Die Preisunterschiede zwischen dem preiswerten Pensionat und dem teuersten Hotel liegen für ein Doppelzimmer bei höchstens 300 Kronen, umgerechnet also etwa 70 DM. Aus Gründen der Vergleichbarkeit wurden die Preisklassen aus dem Band »MERIAN live! Schweden: Der Süden« übernommen. So wird deutlich, daß Gotland innerhalb Schwedens zu den günstigeren Reisezielen zählt.

Das Angebot konzentriert sich, wie sollte es anders sein, auf Visby. Doch außerhalb der Touristensaison haben es die Hotels schwer. Sie können nicht, wie sonst in Schweden üblich, vom Seminar- und Tagungsgeschäft profitieren, denn das Einzugsgebiet fehlt. So müssen die Hotels, die das ganze Jahr geöffnet haben, in der Sommersaison leichte Aufschläge verlangen, um zu überleben. Richtige »Inselzuschläge« braucht man aber nicht zu befürchten, die Preise liegen nicht über dem Festlandsniveau. Wer zur Mittelalterwoche nach Visby kommen möchte, muß sehr rechtzeitig ein Zimmer reservieren, sonst kann es sein, daß alles ausgebucht ist. Außerhalb von Visby überwiegen die Sommerpensionen, die hotelähnlich geführt werden. Fernseher im Zimmer kann man nicht unbedingt erwarten, dafür aber eine ruhige, naturnahe Lage.

Preisklassen
Die Preise gelten für eine Übernachtung im Doppelzimmer für zwei Personen einschließlich Frühstück.
Obere Preisklasse ab 1100 SEK
Mittlere Preisklasse ab 700 SEK
Untere Preisklasse ab 400 SEK

DER BESONDERE TIP

Ab Anfang September sinken nicht nur die Preise bei den Hotels wieder, auch bei den Ferienhäusern gelten nun **Neben**- oder gar **Sparsaisonpreise**. Die schwedischen Touristen sind wieder zu Hause, doch das Wetter ist normalerweise noch sonnig und warm. Wer die Insel für sich haben möchte und zeitlich flexibel ist, sollte den September als Urlaubsmonat ins Kalkül ziehen.

Das Wisby Hotell ist das beste in der Hauptstadt

Auf Gotland ist die Küche deftig. Fisch und Schaffleisch halten sich die Waage, während Elch- und Rentierfleisch nur als Festlands-Importe vorkommen.

Das Essen auf Gotland unterscheidet sich im wesentlichen nicht vom Festland. Schließlich gibt es Pizza, Pommes und Hamburger. Üble Nachrede? Nun ja, Visby, Tofta und Ljugarn sind die Hochburgen des Tourismus auf Gotland, und wer, wie die Mehrzahl der schwedischen Urlauber, des Badens wegen herkommt, will nicht unbedingt kulinarische Spezialitäten entdecken. Auch die deutschen Urlauber sitzen eher im Ferienhaus und kochen mitgebrachte Spaghetti. Auch weil Restaurants als teuer gelten. Solch eine Einstellung macht es den Küchenchefs vor Ort nicht gerade leicht. Sie bemühen sich mit guten Fischgerichten und Variationen vom Schaf um den Gast. Anders Broman vom Hotel Toftagården ist einer der Vorkämpfer für eine gehobene regionale Küche, die sich nur frischer Rohwaren möglichst aus eigenem Anbau bedient. Selbst Auberginen werden im hoteleigenen Gewächshaus gezüchtet. Und Lammfleisch wird mit heimischen, wildwachsenden Gewürzen angerichtet.

Der Alkohol läßt einen Restaurantbesuch schnell teuer werden

Zumindest in Visby ist die Auswahl an Restaurants für schwedische Verhältnisse erstaunlich groß. Es findet sich auch etwas für jeden Gaumen und Geldbeutel, für den Gourmand wie für den Gourmet. Durch den leicht stärkeren Kurs der schwedischen Krone sind die Preise nicht mehr so günstig wie noch vor wenigen Jahren, als die Krone bei 19 Pfennig lag. Aber wenn man die obligatorische Pizza mit 12 bis 14 DM veranschlagt, liegt man damit nur geringfügig über dem deutschen Großstadtniveau. Eine gute Wahl ist meist auch tagsüber **dagens rätt** oder abends **dagens menu**. Das Tagesgericht ist meist ein Tellergericht, das Tagesmenü besteht in der Regel aus drei Gängen zum Festpreis. Die schöne Sitte, zum Essen (Leitungs-) Wasser auf den Tisch zu stellen, hat einen guten Grund. Alles, was Alkohol enthält, wird so kräftig besteuert, daß der Genuß eingeschränkt ist. Für eine Flasche Wein muß man zwischen 180 und 250 Kronen rechnen, wobei der Wirt kaum daran verdient. Ein Bier schlägt mit 28 bis 40 Kronen zu Buche, je nachdem, wo man es trinkt.

Es ist in Schweden übrigens nicht selbstverständlich, daß alle Gaststätten Alkohol ausschenken dürfen. In Visby verfügen Restaurants über das volle Schankrecht, das heißt, sie dürfen Bier, Wein und auch Spirituosen ausschenken. In einem Café oder einer Cafeteria kann es passieren, daß man nur Bier und Wein bekommt, aber keine härteren Drinks. Ähnliches kann einem in kleineren Restaurants auf dem Lande widerfahren. Eine Reihe von Cafés darf keinen Alkohol ausschenken.

Alkohol verkauft hier der Staat

Wer sich im Ferienhaus mit Alkoholischem versorgen will, muß sich in eines der staatlichen Geschäfte namens **Systembolaget** bemühen. Auf Gotland befindet sich Systembolaget in Visby. Man mag über das staatliche Alkoholmonopol denken, was man will, einen Vorteil hat es: Zusammen mit den norwegischen Kollegen von Vinmonopolet zählt der schwedische Staat, und nur er darf Alkohol einkaufen, zu den größten Weinkäufern weltweit. Dadurch erhalten sie nicht nur gute Preise, sondern auch gute Weine. Die Weine, die man bei Systembolaget kauft, sind in jeder Preisklasse zumindest ordentlich. Für einen französischen Rotwein, der in Deutschland im Geschäft etwa neun DM kostet, müssen in Schweden ungefähr 13 DM über die Ladentheke gereicht werden. Die fachkundige Beratung ist einem zumindest auf Englisch sicher.

Das schwedische Bier trifft eher den englischen als den deutschen Geschmack. Sieben-Minuten-Biere mit einer festen Krone als Stolz des Wirtes sind unbekannt. Gezapft wird ohne Druck und somit ohne Krone. Wer das vorher weiß, wird nicht enttäuscht. Liebhaber herber Biere kommen nicht auf ihre Kosten, wer auf Obergäriges steht, schon eher. In Visby und bei Roma wird seit neuestem wieder gotländisches Bier gebraut, erste Auswirkungen der EU-Mitgliedschaft Schwedens. Schließlich geht das Alkoholmonopol nicht konform mit der Theorie des freien Wettbewerbs, wie sie die EU-Kommission vertritt.

Wer im Ferienhaus Urlaub macht, sollte auf einen mit Lebensmitteln vollgepackten Kofferraum verzichten. Die eine oder andere Flasche Wein kann vielleicht mit oder ein deftiges Schwarzbrot, das in Schweden unbekannt ist. Ansonsten läßt es sich aber landestypisch gut und nicht zu teuer im Supermarkt vor Ort einkaufen. **Senapsill,** der in Senfsauce eingelegte Hering, ist ebenso lecker wie die Preiselbeerenmarmelade oder der würzige gotländische Käse.

Im Restaurant sind einige Spielregeln zu beachten, die für Deutsche eher ungewohnt sind. Den Tisch sucht man sich meist nicht selbst, er wird einem durch den **Hovmästare**, den Oberkellner, zugewiesen. Auf ihn wartet man am Eingang, statt schnurstracks auf den nächsten Tisch zuzusteuern. Das gilt selbst für Lokale, in denen man solch feine Lebensart nicht vermutet. Steht eine Art Pult am Eingang, ist dies ein sicheres Zeichen dafür, daß der Tisch durch den Hovmästare vergeben wird. Was das Trinkgeld angeht, wird in Schweden ähnlich verfahren wie daheim. War man zufrieden, wird aufgerundet. Gab es Beanstandungen, wird auf Krone und Öre genau bezahlt.

Nach dem Essen ist es selbst spät abends üblich, noch einen Kaffee für die Peristaltik zu trinken. Meist wird der Kaffee nach dem Essen kostenlos nachgeschenkt, bis man abwinkt. Die Frage nach Tasse oder Kännchen jedenfalls stößt auf große Fragezeichen in den Augen der Bedienung. Selbst in der Cafeteria ist

DER BESONDERE TIP

Vivungs Rök & Malt Im Land des staatlichen Alkoholmonopols ist es fast schon eine Revolution, wenn eine neue Brauerei eröffnet. Vivungs in Vänge bei Roma hat das für unmöglich Gehaltene geschafft. Das Familienunternehmen räuchert nicht nur Fleisch, sondern auch Bier. Es ist damit Schwedens kleinste Brauerei, die das Recht hat, Starkbier zu brauen. Daneben kann man hier gut essen oder im kleinen Laden einkaufen. Von Str. 143 nach Vänge abbiegen, dort nach Guldrupe abzweigen. Ab Bjärges ausgeschildert. Tel. 04 98/5 13 95
15. Juni–15. Aug. tgl. 10.30–18 Uhr, Fr 10.30–24 Uhr ■ C 6

der **påtår**, der Nachschlag beim Kaffee, meist inklusive. In den letzten Jahren setzt sich aber zunehmend durch, daß diese Regelung nur in Verbindung mit einem Essen gilt. Zumindest ist die zweite Tasse Kaffee normalerweise billiger als die erste.

Verführerisches smörgåsbord

Wer auf der Fähre oder im Hotel auf ein Buffet stößt, ob es nun als **Smörgåsbord** oder als Schwedenbuffet daherkommt, möge bitte die Reihenfolge beachten. Zuerst kommt der kalte Fisch, gefolgt vom kalten Fleisch. Dann folgt die warme Hauptspeise und zuletzt das Dessert. Bei Buffetnovizen steigt schnell Angst auf, nichts mehr abzubekommen. Also wird alles kunterbunt auf einen großen Teller gehäuft, und schon ist man als Tourist enttarnt. Natürlich ist es erlaubt, einzelne Gänge auszulassen. Beim Frühstücksbuffet ist die Reihenfolge nicht vorgegeben. Die Geschmäcker sind wohl zu verschieden. Nicht jeder mag Hering zum Frühstück, und an der Frage süß oder salzig scheiden sich die Geister. **Löskokta ägg** sind übrigens weichgekochte Eier. Oft wird das zu wörtlich genommen, und das Eiweiß fließt noch. Dafür kann man die hartgekochten Eier sauber zerschneiden. Sie sind mit einem Schild **Hårdkokta ägg** bezeichnet. Als gotländische Besonderheit wäre noch das Lammgrillen zu erwähnen. Was andernorts das Grillferkel am Spieß ist, ist auf Gotland das **Lammgrillen**. Es wird während der Saison auf verschiedenen Bauernhöfen angeboten, wo es dann als rustikales Vergnügen im Freien oder in der Scheune stattfindet. Die Frage, wie man zum Hotel zurückkommt, sollte vor Beginn des Essens geklärt werden.

Vivungs ist Schwedens kleinste Brauerei

Restaurants sind bei den einzelnen Orten im Kapitel »Sehenswerte Orte und Ausflugsziele« beschrieben.

Preisklassen
Die Preise beziehen sich auf ein Menü ohne Getränke und Trinkgeld.
Luxusklasse ab 500 SEK
Obere Preisklasse ab 250 SEK
Mittlere Preisklasse ab 150 SEK
Untere Preisklasse bis 150 SEK

Eßdolmetscher

A

aborre: Barsch
ägg: Ei
algkött: Elchfleisch
appelsinjuice: Orangensaft
äpple: Apfel
äpplejuice: Apfelsaft
aquavit: Kümmelschnaps
ärtor: Erbsen
ättika: Essig
ättikagurka: Essiggurke

B

bacon: Schinkenspeck
bär: Beere
biffsteak: Beefsteak
brännvin: Branntwein, Schnaps
bröd: Brot

C

champinjoner: Champignons
choklad: Schokolade
cider: Apfelmost

D

dagens rätt: Empfehlung des Tages (Mittagstisch)
dessert: Nachtisch
djupfryst: tiefgefroren
dryck: Getränk
duva: Taube

E

efterrätt: Nachspeise
enris: Wacholder

F

falukorv: Wurst in Ringform
färs: Hackfleisch
färsk: frisch
filmjölk: Dickmilch
fisk: Fisch
fläskkotlett: Schweinekotelett
förrätt: Vorspeise
folköl: »Volksbier«(2,8 Prozent Alkoholgehalt))
friterad: fritiert
frukost: Frühstück
fyllning: Füllung

Dieses leckere Gericht nennt sich Safranpfannkuchen

G

gädda: Hecht
gås: Gans
gåslever: Gänseleber
glass: Speiseeis
glögg: Rotweinpunsch
gös: Zander
grädde: Sahne
gräslök: Schnittlauch
grisköttt: Schweinefleisch
grönsaker: Gemüse
gryta: Topf
gurka: Gurke
gutefår: gotländisches Schaf

H

hallon: Himbeere
hare: Hase
havskräftor: Meereskrebse
hembakat: selbstgebackenes
hjort: Hirsch
hjortron: Multebeere
honung: Honig

J

jordgubbar: Erdbeeren
juice: Fruchtsaft
julbord: klassisches Weihnachtsbuffet

K

kaka: Kuchen
kalops: Gulasch
kalvnjure: Kalbsniere
kål: Kohl
kåldolmar: Kohlroulade
kalkon: Puter
kanel: Zimt
kanelbullar: Zimtschnecken (Kaffeegebäck)
kantareller: Pfifferlinge
karljohansvamp: Steinpilz
kokt skinka: Kochschinken
kolasås: Karamellsoße
konjak: Cognac
kopp: Tasse
korv: Wurst
körsbär: Kirschen
kött: Fleisch
köttbullar: Hackbällchen
köttfärs: Hackfleisch
kräftor: Krebse
kronärtskocka: Artischocken
krydda: Gewürz
kyckling: Hühnchen

L

lammkött: Lammfleisch
läsk, läskedryck: Erfrischungsgetränk, Limonade
lättmjölk: Magermilch
lättöl: »Leichtbier« (1,8 Prozent Alkoholgehalt)
lax: Lachs
laxöring: Meeresforelle
legymer: Gemüse
leverpastej: Leberpastete
lingon: Preiselbeere
lingondricka: Preiselbeersaft
lingonsylt: Preiselbeerkompott
löjrom: roter Kaviar von kleiner Maräne
lök: Zwiebel
lussekatter: Safrankringel (Gebäck zum Fest der Hl. Lucia am 13. Dezember)

M

majonäs: Mayonnaise
maräne: Felchen
maräns: Baiser
matolja: Speiseöl
middag: Abendessen
mineralvatten: Mineralwasser
mjöl: Mehl
mjölk: Milch
morrötter: Mohrrüben
musslor: Muscheln

N

nöt: Nuß
nöttkött: Rindfleisch
nudlar: Nudeln

O

oliver: Oliven
öl: Bier
ost: Käse
ostkaka: warmer Quarkauflauf
oxfärs: Rinderhack

P

paj: Pastete
pålägg: Aufschnitt
pannkaka: Pfannkuchen
päron: Birne
peppar: Pfeffer
pepparkakor: Pfefferkuchen (Weihnachtskekse)
pepparrott: Meerrettich
persilja: Petersilie
piggvar: Heilbutt
plankstek: Steak mit gratiniertem Kartoffelmus auf einem Holzbrett serviert
potatis: Kartoffel
plommon: Pflaumen
purjolök: Porree
påtår: zweite Tasse Kaffee
påtår ingår: zweite Tasse Kafee im Preis enthalten

R

rådjur: Reh
råg: Roggen
räkor: Garnelen
rapphöns: Rebhuhn
renkött: Rentierfleisch
rimma: salzen
ripa: Schneehuhn
ris: Reis
rödbeta: Rote Beete
rödspätta: Scholle
rödvin: Rotwein
rökt: geräuchert

S

saffranspannkakor: gotländische Kuchenspezialität
salt: Salz
saft: Konzentrat für Fruchtgetränk
saltkött: »Salzfleisch« (Aufschnitt)
senap: Senf
sik: Felchen
sill: Hering
sjötunga: Seezunge
skinka: Schinken
smör: Butter
smörgås: belegtes Brot
socker: Zucker
soppa: Suppe
söt: süß
sparris: Spargel
sprit: Spirituosen
starköl: Bier mit ca. 4,5 Prozent Alkoholgehalt
stekt: gebraten
strömming: Ostseehering
stuvad: in Milchsoße gedämpft
sur: sauer
surkål: Sauerkraut
sylt: Eingemachtes

T

tårta: Torte
te: Tee
torrt: trocken
tunnbröd: (nordschwedisches) dünnes Fladenbrot

U

ugnsbakad: im Ofen gebacken

V

valnöt: Walnuß
vatten: Wasser
vetemjöl: Weizenmehl
vilt: Wild
vinäger: Essig
vin: Wein
vinbär, svarta: schwarze Johannisbeeren
vinbär, röda: rote Johannisbeeren
vispgrädde: Schlagsahne
vitkål: Weißkohl
vitlök: Knoblauch
vittvin: Weißwein

Wer sich für Keramik und Wollwaren interessiert, findet auf Gotland ein ordentliches Handwerk und hochklassiges Kunsthandwerk.

Die Schafzucht läßt grüßen, und nichts bleibt ohne Verwendung. Was sich aus Wolle und Fell alles machen läßt, kann man in der vollen Variationsbreite des Handwerks auf Gotland kaufen. Die Wolle des **Gutefår**, des gotländischen Schafes, ist ausgesprochen weich und läßt sich gut verarbeiten. Der Einkauf kann bei unversponnener Wolle anfangen, die nächste Stufe ist versponnenes Garn naturbelassen oder mit Naturfarben gefärbt. Bei Yllet in Visby bekommt man Strickanleitungen für traditionelle Muster und die dazugehörigen Garne als fertige Pakete. Und wer nicht stricken mag, kann sich selbstverständlich Pullover, Handschuhe, Mützen, Jacken, Decken und sogar Teppiche aus reiner gotländischer Schurwolle kaufen. Was man aus Schaffell machen kann, demonstrieren Handwerksbetriebe wie Yllet in Visby oder Skymnings Lamm- & Pälsgård in Fleringe. Weiche, warme Lederjacken und Mäntel sind eine Spezialität der Insel. Die Preise sind der Handarbeit angemessen: Für eine Lederjacke mit echtem Fell

Etelhem ist das Töpfereizentrum Gotlands

als Futter muß man mit 5000 bis 6000 Kronen rechnen. Dafür erhält man ein Kleidungsstück, das einen auf Jahrzehnte begleiten kann. Für den kleinen Geldbeutel bleiben Fellhandschuhe oder Spielzeugschafe mit echter Wolle für Kinder, Enkel und Junggebliebene.

Das Angebot beschränkt sich nicht auf Visby, sondern wird eigentlich überall auf Gotland feilgeboten. Wer auf dem Land ein Schild mit der Aufschrift **skinn** (Leder) oder **skinnbod** (Lederladen) sieht, sollte ruhig einen Abstecher zu der **gårdsbutik** (Laden auf dem Bauernhof) wagen. Man sollte sich darauf einstellen, daß außerhalb der Hauptsaison von Mitte Juni bis Mitte August der Laden vielleicht geschlossen hat. Meist ist dann nur etwas Eigeninitiative nötig. Wenn man weiß, welchen Laden auf dem Bauernhof man besuchen möchte, ruft man vorher an. Mit Englisch kommt man fast überall durch. Bei Sprachproblemen bekommen Hotelgäste an der Rezeption Tips und konkrete Hilfe. Spontane Besuche müssen nicht daran scheitern, daß am Laden das Schild »Stängt – Geschlossen« steht. Handelt es sich um einen größeren Bauernhof, ist meist jemand da. Fragen lohnt sich. Allerdings gehört ein wenig Fingerspitzengefühl dazu. Sitzt die Familie gerade beim Essen? Oder kommen die Kinder von der Schule? Eine **gårdsbutik** ist kein Kaufhaus, in dem man anonym herumstöbert und wieder geht, wenn es einem nicht gefällt. Je weniger los ist, um so persönlicher wird oft der Besuch. Fragen nach dem Woher und Wohin sind durchaus üblich. Allerdings muß man als Gast auch signalisieren, daß man ins Gespräch kommen möchte, denn die Gotländer sind nicht die Lebhaftesten. Es ist dieser persönliche Kontakt, der den Besuch in einer **gårdsbutik** so besonders macht.

DER BESONDERE TIP

Skymnings Lamm & Pälsgård Kurz hinter Groddagården in Fleringe liegt dieser stattliche Bauernhof, der mit einem sehr großen und guten Sortiment an Jacken, Decken usw. überrascht. Schön sind die fellüberzogenen Hocker und Sessel. Eigener Katalog. Von Str. 149 südlich von Kappelshamn nach Storugns abbiegen. Nach Storugns Nebenstraße nach Fleringe. 15. Mai–15. Sept. tgl. 10–18 Uhr, sonst nach Vereinbarung unter Tel. 04 98/22 45 90 Fax 22 45 91 ■ D 2

Visbys historische Altstadt ist für Shopper ein idealer Rahmen

Genauso häufig wie die Woll- und Pelzläden sind auf Gotland Töpfereien. Die älteste ist Etelhems Krukmakeri, die 1889 gegründet wurde. Sie ist die Keimzelle für viele andere Töpfereien auf Gotland gewesen. Die Inhaber Torleif Solberg und Annbritt Andersson verstehen Etelhems Krukmakeri auch heute noch als eine Art Kommunikationszentrum für Töpfer und Kunden. Bis zu sechs Keramiker können sich im Sommer neben den beiden Inhabern einmieten. Sie machen ihre eigenen Entwürfe, ihre eigenen Arbeiten, und manch einer hat sich anschließend auf Gotland niedergelassen. Die Werkstätten stehen während der Ladenöffnungszeiten auch für Besucher offen. So kann man erleben, wie Keramik entsteht. Eine weitere Besonderheit sind die Kurse für Kinder, die Annbritt Andersson anbietet.

Die vertretenen Stile sind sehr unterschiedlich. Während in Etelhems Krukmakeri klassische Formen weitergeführt werden – hierzu zählen beispielsweise die kleinen Lampenschirme, die man sich ins Fenster hängt –, gehen andere Töpfereien eigene Wege. Tomas Stöfting, der in Mejeriet, der ehemaligen Meierei von Alskog, arbeitet, produziert Gebrauchskunst mit einem Hang zur Provokation. Klare Linien und Farben kennzeichnen seine Formgebung. Bei Larsson & Larsson in Etelhem hingegen setzt man auf eher gefällige Formen und verspielte Glasuren mit Blumenornamentik. Und in der Kräklingbo Krukmakeri findet man Kaffee- und Teegeschirr mit hellen, schlichten Glasuren, das stark an dänisches Design erinnert. Eine ähnliche Richtung vertritt auch Lotti Lundahl, die ihre Vasen und Becher im Zentrum von Visby herstellt.

Visby ist zwar Hauptstadt und Zentrum Gotlands, doch was das Kunsthandwerk angeht, ist das Umland mindestens ebenbürtig. Läden wie Bertholdsson & Holm oder Hantverksgården in Visby vertreten zwar einige Kunsthandwerker der Insel, und die unregelmäßig stattfindenden Verkaufsausstellungen von Gotlands Kvinnliga Formgivare (Gotlands Designerinnen) zeigen hochwertiges Kunsthandwerk, doch eine Rundtour zu den Kunsthandwerkern der Insel sorgt für manch angenehme Überraschung. Das gilt für Textilien wie für Lammfelle wie für Keramik. Preisunterschiede gibt es übrigens nicht zwischen Stadt und Land.

Was Einkäufe für den täglichen Bedarf angeht, so hat sich auf Gotland wie überall der Supermarkt gegen den Tante-Emma-Laden durchgesetzt. Die **Ladenöffnungszeiten** der Supermärkte sind zumindest in Visby geradezu amerikanisch, insbesondere im Sommer. Die übrigen Geschäfte schließen meist um 18 Uhr, auf dem Land gelegentlich schon um 16 Uhr. Visbys Haupteinkaufsstraße ist die Adelsgatan, in der man Schuhe und Kleidung, Telefone und Tapeten, Schnickschnack und Schmuck kaufen kann.

Daß Kinder mit dabei sind, ist in Schweden eine Selbstverständlichkeit. Gotland macht da keine Ausnahme, auch wenn es wenig speziell für Kinder gibt.

Die typisch gotländische Kinderattraktion schlechthin ist schwer zu finden, ob als Freizeitangebot oder Gegenstand. Ein wollenes Spielzeugschaf vielleicht, das war es aber schon. Daraus zu schließen, die Insel sei nicht kinderfreundlich, ist jedoch falsch. Kinder freuen sich an einsamen Sandstränden ebenso wie Erwachsene. Sie haben an den kleinen Entdeckungen in der Natur genausoviel Spaß wie Erwachsene. Und die geringe Verkehrsdichte macht es den Eltern leicht, die Kleinen einfach so draußen spielen zu lassen oder mit ihnen auf Radtour zu gehen. Beeren pflücken, Baumhäuser bauen oder den kleinen Bach nebenan aufstauen, das sind die Dinge, die Kinder im Urlaub lieben, wenn sie nicht schon völlig abhängig von Fernseher und Computerspielen sind. Gotland für Kinder ist unspektakulär, doch spätestens wenn die Muschelsammlung nicht mit nach Hause darf, gibt es sicher Geschrei.

Natürlich gibt es mit der Freizeitanlage Kneippbyn vier Kilometer südlich von Visby auch die Animation, ohne die manch einer nicht auszukommen glaubt. Aber dafür fährt man nicht nach Gotland. In Kneippbyn steht die Villa Kunterbunt, die für die Pippi-Langstrumpf-Filme als Kulisse diente (→ S. 38). Aber wer einmal auf dem Festland im småländischen Vimmerby war, wird Kneippbyn eher peinlich finden.

In Etelhem können Kinder töpfern

Die Villa Kunterbunt in Kneippbyn
ist weltweit durch die Pippi-Langstrumpf-
Verfilmungen bekannt geworden

Barndrejning in Etelhem Krukmakeri ■ C 7

In der ältesten Töpferei Gotlands können Kinder spielend lernen, wie man mit der Drehscheibe umgeht. Barndrejning heißt soviel wie »Kinderdrehen«. Gedreht wird an der Töpferscheibe, nicht an den Kindern. In einem kleinen Haus hinter der Töpferei werden sie in die Handwerkskunst eingewiesen. Was sie selbst gemacht haben, können die Kinder mitnehmen. Praktische, leicht zu säubernde Kleidung wird empfohlen.
Die dritte Töpferei in Etelhem, wenn man von Norden kommt.
Tel. 04 98/49 40 35
15. Juni–15. Aug. tgl. 10–16 Uhr, sonst nach Vereinbarung, Material muß bezahlt werden.

Gute Zoo in Alskog ■ D 7

Der Tierpark von Alskog ist klein und zeigt 500 sehr unterschiedliche Tiere. Die heimischen sind meist interessanter als die auswärtigen. Auf Begeisterung stoßen die riesigen Schweine, die Ziegen, die man anfassen darf, und immer wieder die Affen, die allerdings in viel zu kleinen Käfigen gehalten werden. Mit den Straußenvögeln können Kinder um die Wette laufen. Kamele halten ihre breiten Rücken hin, um die Kinder durch den Tierpark zu schaukeln. Das größte Freigelände hat der Esel. Wenn man ohnehin in Alskog ist, kann man den Kindern zuliebe einen Abstecher machen.
Str. 144 bei Alskog kyrka den Schildern folgen.
Tel. 04 98/49 13 50
15. Mai–30. August tgl. 10–18 Uhr
Eintritt: Erwachsene 60 SEK, Kinder 3–12 Jahre 45 SEK

Kneippbyn ■ B 5

Badeland mit Kinderanimation. Die großen Wasserrutschen des Vattenland kommen bei den Kindern gut an. Auf dem Gelände, das insgesamt als »Sommarland« bezeichnet wird, befindet sich die Villa Kunterbunt (Villa Villekulla), die in den Pippi-Langstrumpf-Filmen als Kulisse diente. Die Aufführungen sind allenfalls mittelmäßig. Abends gibt es dann eine After-beach-Party für Kinder mit Seeräuber-Rock und Grillwürstchen. Wer es mag...
Kneippbyn, von Str. 140 vier Kilometer südlich von Visby ausgeschildert
Tel. 04 98/29 61 50
17. Juni–10. Aug. tgl. 10–17 Uhr
Eintritt: Sommerland/Vattenland 120 SEK pro Person, nur Vattenland 80 SEK

Vikingabyn på Gotland ■ A 6

Das gotländische Wikingerdorf liegt bei Tofta Strand. Die Kinder treffen Häuptling Erik Blutaxt und lernen von ihm, mit der Streitaxt zu werfen, Brot zu backen oder selbst zu schmieden. Falls die Kinder noch nichts über Wikinger wissen, sollten Eltern sich und ihre Kinder auf die Zeitreise tausend Jahre zurück vorbereiten. Auch wenn es keine Altersgrenze gibt, macht ein Besuch erst ab Schulkindalter Sinn.
Str. 140, Tofta Strand
Tel. 04 98/29 71 00
17. Juni–10. August tgl. 10–17 Uhr
Eintritt: Erwachsene 60 SEK, Kinder 5–12 Jahre 40 SEK, Familienkarte (2 Erwachsene., 2 Kinder) 160 SEK

Gotland ist ein Badeziel. Stille Strände locken im Osten, mehr Trubel findet man an der Westküste. Doch auch abseits der Strände kann man aktiv sein.

Gotland bietet gute Voraussetzungen für Aktivurlaub, solange man kein organisiertes Vergnügen erwartet. Etwas Eigeninitiative ist erforderlich. Spaß, den Wander- oder Radweg selbst zu entdecken, beim Reitstall anzufragen, wann man reiten kann, oder einen Strand zu finden, den man für sich allein hat. Gotlands Strände zählen ohnehin zu den schönsten Schwedens. Es sind keine breiten, kilometerlangen Sandstrände, die von Dünen begrenzt werden, wie in Halland oder Skåne in Südschweden, es sind überwiegend Naturstrände, der Grund manchmal Sand, manchmal Kiesel und manchmal Stein. Keine Strandkörbe, keine Liegen, keine Sonnenschirme und statt der Imbißbude an der Promenade ein eigener Picknickkorb im Gepäck, so einfach ist das. Nur bei Tofta, Kneippbyn und Visby tobt bei schönem Wetter in der Hochsaison der Bär. Doch wenn Schweden sagen, ein Strand sei voll, dann ist das im Vergleich mit der deutschen Ostseeküste oder gar Spaniens Mittelmeerstränden noch fast leer.

Gotlands Strände gelten als mit die schönsten in Schweden

Golf

Golf ist in Schweden ein Breitensport geworden. Für Gastspieler ist es nur selten kompliziert oder teuer, auf einem schwedischen Platz zu spielen. Auf Gotland gibt es mehrere gute Plätze, die teilweise auch von deutschen Golf-Reiseveranstaltern angeboten werden. Am besten ist es, die Clubs direkt anzusprechen. Die Touristinformation in Visby ist behilflich bei der Kontaktaufnahme (→ S. 98)

Austerlings Gård, Stånga ■ C 8
Das Golfinternat bei Stånga ist in einem Herrenhof untergebracht und arbeitet mit mehreren Plätzen auf der Insel zusammen. Es werden Kurse für Anfänger und Fortgeschrittene angeboten.
Tel. 04 97/8 28 00, Fax 04 97/8 28 12 oder über Birdie Golf & Reisen in Hamburg, Tel. 0 40/2 27 90 07

Gotska Golf Club, Visby ■ B 4
Der 9-Loch-Platz liegt etwa 6 km außerhalb Visbys in Richtung Norden.
Tel. 04 98/21 55 45,
Fax 04 98/21 25 96

Gumbalde Golf Club, Stånga ■ C 8
18-Loch-Platz neben der Kirche von Stånga im Osten Gotlands. Der Bauernhof mit Gastwirtschaft und Übernachtungsmöglichkeiten gilt als familiär und gemütlich, die Bahn als gutklassig.
Tel. 04 98/48 28 80, Fax 48 28 84

När Golf Club, När ■ B 9
När liegt abgeschieden ganz im Südosten. Hier ist ein interessanter 18-Loch-Platz entstanden, der von Einheimischen wie Besuchern gern genutzt wird. Auf dem weitgehend naturbelassenen Gelände halten Pferde das Gras kurz.
Tel. 04 98/49 23 20 Fax 40 23 24

Golf ist in Schweden Volkssport

Visby Golf Club ■ A 6
Der zweite Visbyer Golfclub hat seinen Platz bei Västergarn kurz vor Klintehamn. Der 18-Loch-Platz zählt zu den besten der Insel. Er liegt direkt am Leuchtturm Skansudde.
Tel. 04 98/24 50 58, Fax 24 50 69

Radfahren

Da Gotland aus einem Kalksteinplateau besteht, ist die Insel relativ eben. Nur an der gelegentlich steilen Küste gibt es nennenswerte Steigungen. Die Insel ist deshalb für mehrtägige Radtouren hervorragend geeignet. Kurze Tagestouren sind auch möglich, aber vom jeweiligen Ausgangspunkt abhängig. Wer nur kleine Runden drehen will, muß gelegentlich eine der Hauptstraßen benutzen. Rund um Gotland führt der Gotlandsleden, ein Weg, den man sowohl erwandern, besser aber mit dem Rad abfahren kann. Für die Gesamtlänge von 345 km muß man mindestens eine Woche Zeit veranschlagen. Möchte man auch Fårö erleben, sollte man wenigstens zwei weitere Tage einplanen, für den südlichen Zipfel hinter Burgsvik kommen ebenfalls zwei Tage hinzu. Der Gotlandsleden verläuft überwiegend auf einspurigen Nebenstraßen, die manchmal nur geschottert sind. Nur wo es sich nicht vermeiden läßt, verläuft die Rundstrecke auf einer der Hauptstraßen. Als Räder empfehlen sich entweder tourentaugliche Mountainbikes oder Tourenräder mit gröberen Reifen. Ungeeignet sind einzig Rennräder mit schmalen Reifen, die die Schotterabschnitte schnell übelnehmen. Die beiden großen Radvermieter auf Gotland, die auch Campinganhänger, Tandems und Kinderräder verleihen, befinden sich beide in Visby:

Gotlands Turistcenter
Korsgatan 2, Nähe Hafen
Tel. 04 98/27 90 95, Fax 21 97 20

Gotlands Turistservice
Österväg 1, am Tor Österport
Tel. 04 98/20 60 00, Fax 24 90 59

Wenn Klischees zu Realität werden: Segeln in der Abendsonne

Wandern

Gotland ist kein klassisches Wanderziel, mit markierten Wanderwegen wie im deutschen Mittelgebirge kann man nicht rechnen. Trotzdem lohnt es sich immer wieder, kleine Abstecher zu Fuß zu machen. Das kann der lange Spaziergang am Strand von Fårö sein oder die Suche nach der frühzeitlichen Burganlage auf dem Grogarnsberget bei Katthammarsvik ganz im Osten. Möglichkeiten bieten sich immer wieder, Rundwege sind aber die große Ausnahme. Im Zweifelsfall sollte man sich bei einem ortskundigen Einheimischen oder in der Turistinformation vorab erkundigen.

Strände

Ekeviken, Fårö ■ F 1
An der äußersten Spitze Fårös liegen sich zwei Strände gegenüber. Ekeviken ist von zwei ruhigen Stränden der noch ruhigere. Die weite, stille Bucht ist sehr kinderfreundlich.

Herte bei När ■ D 8
Fast ein Geheimtip. Da sich wenig Urlauber in dieser Ecke der Insel aufhalten, hat man den Strand zusammen mit ein paar Einheimischen fast für sich.

Holmhällar ■ C 11
Ganz im Süden fast an der Spitze der Insel liegt der Strand von Holmhällar, der für Kinder gut geeignet ist.

Ireviken ■ C 3
Der Strand bei Ireviken im Nordwesten ist sehr schön, doch durch die Strömung ist das Wasser oft recht kühl. Mit Kindern muß man vorsichtig sein, da das Wasser schnell tief wird und es zudem einen Absatz unter Wasser gibt.

Kvarnåkershamn ■ B 8/B 9
Nicht weit von der Straße 140 bei Hablingbo liegt bei Kvarnåkershamn ein ruhiger Sandstrand.

Ljugarn ■ D 7
Das Strandbad von Ljugarn verfügt über ein schattiges Wäldchen am Ufer, das bis an den Sandstrand heranreicht. Café und Restaurant befinden sich in Fußgehentfernung.

Sandviken bei Östergarn ■ E 6/E 7
An der Straße von Östergarn nach Gammelgarn liegt ein unscheinbarer Parkplatz. Hinter einem kleinen Strandwall findet sich ein kurzes Stück Sandstrand in der Bucht Sandviken, wo sich selten mehr als zehn Gäste verlaufen.

Snäck ■ B 4
Snäck ist so etwas wie der Hausstrand der Leute aus Visby, weil er mit dem Fahrrad gut zu erreichen ist. Der Strand selbst ist nicht so schön.

Sudersand, Fårö ■ F 1
Ein bißchen Pizza, ein bißchen After Beach, zwei Cafés – für eine so abgelegene Insel wie Fårö ist das der Topstrand, obwohl es angenehm ruhig ist. Ekeviken ist schnell erreicht.

Tofta ■ A 6
Wenn es ein Foto von einem vollen Strand auf Gotland gibt, ist es bei Tofta aufgenommen. Durch die beiden Hotels und den wirklich guten Sandstrand ist hier in der Hochsaison richtig etwas los.

Åminne ■ D 5
Der nahe an Campingplatz und Ferienhaussiedlung gelegene Sandstrand ist besonders kinderfreundlich. Das Café-Restaurant ist zu Fuß zu erreichen, wenn es denn gerade geöffnet hat.

Strandkörbe findet man hier nirgends

Mit der Mittelalterwoche verfügt Gotland über ein Highlight unter den Veranstaltungen, das europäisches Niveau hat.

Auf einer Insel, die vier Stunden vom Festland entfernt liegt, kann man keine großen Feste erwarten? Weit gefehlt, auf Gotland findet einiges statt. Die Insel hat mit einer Landflucht zu kämpfen gehabt. Sinkende Einwohnerzahlen, Abwanderung auf das Festland, Entvölkerung der Dörfer waren Probleme, die die Provinzregierung in Visby vor erhebliche Probleme stellte. Statt ausschließlich auf eine aktive Beschäftigungspolitik zu setzen, hat man sich auf eine schwedische Tugend besonnen, die schon zur Zeit der großen Auswanderungswelle zu Beginn des 20. Jahrhunderts funktioniert hat. Der Slogan, daß Schweden wieder lebenswert sein müsse, wurde in den letzten 15 Jahren auch auf Gotland angewendet. Und Kultur gilt als »Lebensmittel«, als Möglichkeit, den Gotländern den Verbleib auf der Insel schmackhaft zu machen. Mit seiner reichen Geschichte kann der Begriff »kulturelle Identität« auf Gotland hervorragend mit Leben gefüllt werden. Deshalb ist die Mittelalterwoche auch weit mehr als nur ein Fest für die Touristen, es ist ein Stück gelebte, eigene Geschichte für und durch die Einheimischen.

Ähnlich verhält es sich mit dem Kammermusikfestival, das das Selbstwertgefühl der Gotländer hebt. Man lebt nicht länger in der kulturellen Provinz, man muß nicht mehr unbedingt nach Stockholm reisen, um ein gutes Konzert zu hören.

Lange genug mußte man Veranstaltungen wie die international besetzte Hochseeregatta Gotland Runt ertragen, bei der die Hochseeyachten zwar Gotland umrunden, aber keinen Hafen anlaufen.

Die Veranstaltungen, die es auf Gotland gibt, sind in erster Linie für die Einheimischen gedacht. Daß sie vielleicht auch Urlauber interessieren, ist nur ein Nebeneffekt. Als Urlauber ist man Gast im traditionellen Sinn. Man kauft keine Karten für eine Touristenshow, man kauft keine Dienstleistung, aber man darf mitmachen, wenn man Lust hat. Die Vorstellung fällt nicht aus, wenn kein Tourist kommen würde. Wer als Urlauber erwartet, daß man ihm zu Füßen liegt, ist in Schweden ohnehin verkehrt. Wer aber Lust darauf hat, mit anderen Menschen Kontakt aufzunehmen, mit ihnen etwas zu machen und Neues kennenzulernen, ist auf Gotland richtig.

Die Ruine der St. Nicolai Kirche in Visby als Konzertkulisse

Juni

Gotland Runt

Ende Juni startet die mehrtägige, international besetzte Hochseeregatta Gotland Runt in Sandhamn bei Stockholm. Auf Gotland legen die Yachten nicht an, doch sind sie je nach Wind und Wetter gut von Land aus zu beobachten.
Ende Juni

Juli

Gotlands Orgelfestival

Eine Woche lang gibt es tägliche Orgelkonzerte in Visby und in den Kirchen der Dörfer. Die Landkirchen verfügen teilweise über historisch wertvolle Orgeln.
Mitte Juli

Turnierspiele

Die Turnierspiele werden in Anlehnung an die Ritterspiele der Mittelalterwoche veranstaltet. Sie dienen der Unterhaltung der Urlauber in Visby, Bunge und Kattlunds bei Grötlingbo.
Juli und August

Stångaspelen

Die Olympiade der Gotländer nimmt alte Spiele und Wettbewerbe wieder auf. Baumstammweitwurf, Scheibenwerfen und ein altertümliches Ballspiel gehören zu den Spielen in Stånga dazu.
Mitte Juli

Gotlands Kammermusikfestival

TOPTEN 7

Kammermusik der Spitzenklasse wird alljährlich auf dem Festival geboten, das hauptsächlich in Visby, aber auch auf den Dörfern stattfindet. Das, was dieses Festival so außergewöhnlich macht, sind die Spielstätten. In Visby wird die Ruine der Kirche St. Nicolai als Konzertsaal genutzt. Das Deckengewölbe ist weitgehend erhalten, was der Akustik sehr zugute kommt. Gleichzeitig fühlt man sich aber wie bei einem Open-air-Konzert, weil der Raum keine Fenster mehr hat, Tauben hindurchfliegen und der Himmel zu sehen ist. Die spartanischen Holzbänke lassen das Konzert improvisiert wirken, obwohl alles perfekt organisiert ist. Die Kleidung ist den abendlichen Temperaturen angemessen eher rustikal, zumindest empfiehlt es sich, Sitzkissen und eine Wolljacke mitzubringen. Das Kammermusikfestival findet üblicherweise in der Woche vor der Mittelalterwoche statt.
31. Woche

Russpremering, Lojsta

Einmal im Jahr werden die wildlebenden Gotlandponys bei Lojsta zusammengetrieben, gezählt und prämiert. Für Pferdeliebhaber ein interessanter Termin, meist am letzten Juli-Wochenende.
Ende Juli

Mittelalterwoche, Visby

TOPTEN 1

In Visbys Hauptstraße, der Strandgatan, stehen die Stände dicht an dicht. Hier werden Pfeilspitzen geschmiedet, dort Felle feilgeboten. In einem Badezuber kann man sich von jungen Damen öffentlich den Rücken schrubben lassen, bis er rot wird. Die Zahl der Menschen, die sich mittelalterlich kleiden, ist fast genauso hoch wie die der Zuschauer. Niemand verteilt zur Mittelalterwoche die Rollen, jeder kann sich selbst in einer historischen Rolle spielen. Seminare der Volkshochschule, die leider nur auf Schwedisch angeboten werden, informieren über Kleidung, Handwerk und Hausrat im Mittelalter. So wird ein Höchstmaß an Authentizität gewahrt. Da es zudem in Europa eine eingeschworene Gemeinde der Freunde mittelalterlichen Lebens gibt, die in ihrer Freizeit von Treffen zu Treffen reist, ist für Handel

und Wandel gesorgt. Das Hobby finanziert man sich nämlich wie einst durch die Herstellung von Schuhen, Kleidung, Messern, Pfeil und Bogen oder andere Dinge des täglichen Gebrauchs. Nicht allen geht es gut: Der schwarzgekleidete Bettler mit verrußtem Gesicht ist so echt, daß die Menschen zurückweichen. Und der Platz unter der Brücke des Stadttoren St. Göransporten ist eine beliebte Schlafstätte bei den Jüngeren. Der Alltag des Mittelalters holt Visby ein, die Gassen und Giebelhäuser bieten mehr als nur Kulisse. Autogeräusche werden innerhalb der Stadtmauern durch das Klappern von Pferdehufen abgelöst. Wären da nicht hin und wieder Videokameras, Turnschuhe und Shorts zu sehen, wäre die Illusion perfekt. Höhepunkt ist der Einzug des Dänenkönigs Valdemar Atterdag, der wie im Jahre 1361 die Hansestadt plündern will. Auf dem Stora Torget vor der imposanten Ruine von Sta. Katarina müssen ihm die Bürgerinnen und Bürger ihre Schätze abliefern. Man versucht inzwischen, die Mittelalterwoche auch auf den Rest der Insel auszudehnen, doch die wesentlichen Dinge finden in Visby statt.
32. Woche

September
Schwedisch-Baltisches Filmfestival, Burgsvik
Ein recht erfolgreicher Versuch, die Mittlerrolle zwischen Skandinavien und dem Baltikum, die Gotland über Jahrhunderte innehatte, auf kulturellem Gebiet wiederzubeleben. Daß das Filmfestival in Burgsvik statt in Visby stattfindet, hat regionalpolitische Gründe.
Anfang September

November
Gotland Grand National, Tofta
Das größte Motorradrennen in Schweden für Endurofahrer findet auf der Schießanlage zwischen Tofta und Visby statt. Mehrere tausend Motorräder kommen zu diesem Ereignis.
Anfang November

Die Mitteralterwoche ist das Ereignis schlechthin

Die Insel Fårö war viele Jahre militärisches Sperrgebiet. Erst in den letzten Jahren öffnete sie sich zunehmend auch für ausländische Touristen.

Fårö

■ E 1/F 2

Eine Kirche, eine Tankstelle, zwei kleine Supermärkte, das ist das Zentrum von Fårö. Ein richtiges Dorf gibt es nicht auf der Insel, die im Norden von Gotland durch den Fårösund getrennt ist. Die kleinen Häfen sind so gut wie verlassen, manch ein Hof zur Ruine verfallen. Auf Fårö haben Schafe die absolute Mehrheit. Kurz und gut: Auf Fårö wäre der Hund begraben, wenn nicht die Natur so reizvoll wäre. Seit auch Ausländer die Insel betreten dürfen, wächst der Zustrom an Touristen jedes Jahr. Die meisten kommen nur für einen Tag, nur wenige bleiben längere Zeit. Sie werden mit einsamen, weiten Sandstränden und einer großen, erholsamen Ruhe belohnt. Mit dem Naturschutzgebiet Ullahau verfügt Fårö zudem über eine Landschaftsform, die ansonsten auf Gotland unbekannt ist: die Wanderdüne. Die Verbindung nach Fårö wird von Fårösund aus mit zwei kostenlosen Autofähren aufrechterhalten, die mindestens stündlich verkehren, nachts nur bei Bedarf. Sie werden staatlich subventioniert, um den Menschen, die fest auf Fårö wohnen, die gleichen Chancen zu geben wie andernorts. Auch das ist ein Stück des zuletzt vielgescholtenen Wohlfahrtsstaates. Ohne solch eine bewußte Regional- und Lokalpolitik wären viele Regionen des Flächenstaates Schweden längst entvölkert. Würde man nämlich die wirklichen Kosten für die Fähre auf jeden Einwohner Fårös umlegen, würde hier niemand mehr wohnen. Aber so rechnet auf Gotland keiner.

Raukar auf Fårö

Was die meisten Besucher auf Fårö interessiert, sind die großen Rauk-Gebiete. Raukar, wie sie in der Mehrzahl heißen, sind Formationen aus einem härteren Gestein als die ursprüngliche Umgebung. Während der weiche Kalkstein rundherum von Wind und Wasser abgetragen wurde, blieben sie in bizarren Formen am Ufer stehen. Raukar sind oft reich an fossilen Einschlüssen wie Schnecken, Muscheln und Korallen. Es ist streng verboten, Teile aus den Raukar herauszubrechen. Einige Rauk-Gebiete liegen im seichten Wasser, die meisten jedoch an Steinstränden. Raukar gibt es an vielen Stellen auf Gotland, die interessantesten befinden sich auf Fårö.

Die Raukar sind voller fossiler Einschlüsse

Hotels und andere Unterkünfte

Sudersand Semesterby
Die Hüttenanlage hält einen eher einfachen Standard, doch die Lage am Sudersand ist ausgezeichnet. Nicht alle Hütten verfügen über Dusche und WC, bei der Buchung nachfragen. Die dazugehörige Jugendherberge eignet sich für diejenigen, die zwei oder drei Nächte bleiben möchten.
Fårö, Sudersand
Tel. 04 98/22 35 36, Fax 22 36 73
42 Hütten, ganzjährig geöffnet
Untere Preisklasse (AE, DC, EC, Visa)

STF Vandrarhem Fårögården
Die Herberge des großen Verbandes STF, vergleichbar dem Deutschen Jugendherbergswerk, liegt kurz vor Sudersand bei Ringvide. Doppelzimmer besser reservieren.
Tel. 04 98/22 36 39 (9–11 und 17–20 Uhr ab 20. Mai, vorher s. STF Vandrarhem Garda)
46 Betten in 2–10-Bett-Zimmern
geöffnet 20. Mai–31. Aug.
Untere Preisklasse
(AE, DC, EC, Visa)

Sehenswertes

Digerhuvud Raukfält

Das größte Gebiet mit Raukar ist Digerhuvud am westlichen Ufer Fårös. An der einspurigen Straße von Lautervik in Richtung Helgumannen und Langhammars befinden sich sechs Parkplätze, an denen man Zugang zu der einmaligen Szenerie hat. Mehrere hundert Raukar finden sich auf diesem 3,5 km langen Küstenabschnitt an dem etwa 50 m breiten Uferstreifen. Einige Raukar stehen im Wasser und werden weiterhin von den natürlichen Elementen geformt.
Vor der Kirche links ab bis zur Küste bei Lautervik

Gamle Hamn

Der alte Hafen diente vermutlich zur Wikingerzeit als Liegeplatz für Schiffe. Im 14. Jh. verlandete er aufgrund einer Landhebung. Strandwälle wurden vom Meer aufgeschoben. Heute sieht der Hafen aus wie ein Binnensee. An den Grundmauern der nahe gelegenen Sta. Äulas Körka (St.Olofskirche), die vermutlich aus derselben Zeit stammt, ist zu erkennen, daß hier einst eine größere Siedlung bestanden haben muß. Nahe dem alten Hafen befindet sich ein Gebiet mit Raukar. Aufgrund seiner merkwürdigen Form wird einer Kaffeekessel (»Kaffepannan«) genannt.
Vor der Kirche links ab, nach ca. 2 km wieder links den Schildern folgen, Weg teilweise nur geschottert

Fischerdorf Helgumannen

TOPTEN 8

Wer am Raukgebiet von Digerhuvud vorbeifährt, sieht am Ufer einige kleine, dunkle Hütten liegen. Dies ist das Fischerdorf Helgumannen, das durch seine Geschlossenheit und die einsame Lage auf dem Strand eine Besonderheit ist. In den Fischerhütten hat man nicht auf Dauer gewohnt, sie wurden als Lagerschuppen für Netze und Werkzeug genutzt. Die Bauern auf Fårö waren gleichzeitig Fischer, ihre Siebensachen lagerten hier.

Im einstigen Fischerdorf Helgumannen herrscht heute meist Ruhe

Die Boote liegen auf den Strand gezogen, als wenn morgen früh wieder zum Fang hinausgefahren würde, doch Helgumannen ist weitgehend verlassen. Das Dorf ist so pittoresk, daß eine große Fischverarbeitungsfirma hier ihren TV-Werbespot drehen ließ.
An der Straße Lautervik-Langhammars

Langhammars Raukar
Einge der Raukar sind über 8 m hoch. Sie wurden vom Meer aus der hier recht hohen Küste geradezu herausgeschält. Vom Parkplatz aus geht es den Hang hinunter zu dem Feld mit den größten Raukar Gotlands. Durch die rundherum sehr karge Natur kommen die Raukar hier besonders gut zur Geltung.
TopTen 2
Interessant ist immer wieder, die Raukar im Spiel des Wetters zu sehen. So wirken sie im Sonnenuntergang an einem friedlichen Sommertag fast majestätisch, während sie sich im Herbst an einem stürmischen, grauen Tag bedrohlich gen Himmel zu recken scheinen. Auf jeden Fall regen die urtümlichen Gebilde seit Jahrhunderten die Phantasie der Menschen an.
Etwa 1 km hinter der Kirche links den Schildern folgen.

Ullahau
Das Naturschutzgebiet Ullahau liegt zwischen Sudersand und Ekeviken im nordöstlichen Teil Fårös. Die große Sanddüne, ursprünglich eine Wanderdüne aus Flugsand, ist eine Seltenheit für Gotland. Teilweise erstreckt sich der sandige Boden bis in den Wald. Die Vegetation ist ganz anders als auf dem Rest der Insel: Hohe Bäume, Blaubeeren und Preiselbeeren sind hier zu finden. Die hufeisenförmige Düne entstand erst im 18. Jh. und verschob sich lange Zeit um 3 m pro Jahr nach Süden. Sie ist etwa 1300 m lang und 300 m breit. An der höchsten Stelle erhebt sich die Düne 15 m über das umliegende Land. Die Wanderbewegung wurde mit Hilfe von Anpflanzungen vor hundert Jahren gestoppt. Das Gebiet darf betreten werden, doch sollte man vorsichtig sein, um Trittschäden zu vermeiden. Ein Parkplatz befindet sich am südlichen Zipfel von Ullahau bei Sudersand.
Sudersand

Essen und Trinken

Carlssons Café & Restaurang
Vom Frühstück bis zum Abendessen gibt es alles bei Carlssons, das stolz auf einen Kiosk in den vierziger Jahren als Vorläufer verweisen kann. Seinerzeit gab es warme Würstchen, heute ist die Auswahl größer. Nette Terrasse.
Sudersand
Tel. 04 98/22 36 28
Untere Preisklasse (AE, DC, EC, Visa)

Fåröhus
Das Gasthaus in der Nähe der Kirche ist bekannt für seine Lammabende, für die eine Tischreservierung sinnvoll ist. Nachmittags dient es als Café. Das Gasthaus verfügt auch über ein paar kleine Pensionszimmer.
Nähe Fårö Kyrka
Tel. 04 98/22 40 10
Untere Preisklasse (AE, DC, EC, Visa)

Strandskogen Restaurang
Gotländische Spezialitäten, Pizza, Pasta und Salate gibt es zu relativ günstigen Preisen. Das Frühstücksbuffet wendet sich an Camper und Bewohner der nahe gelegenen Hüttenanlage. Ein Familienmenü gibt es für 150 SEK für zwei Erwachsene und zwei Kinder bis 12 Jahre.

Abends gibt es im Sommer auch regelmäßig Tanzveranstaltungen.
Sudersand
Tel. 04 98/22 37 65, Fax 22 37 69
April–Okt. tgl. 8 Uhr–abends
Untere Preisklasse (AE, DC, EC, Visa)

Einkaufen

Ebbes Päls
Das Pelzgeschäft führt Jacken, Westen, Teppiche und Hüte aus – wie sollte es anders sein – Lamm- und Schaffell.
Sudersand
Tel. 04 98/22 37 54

Fårö Textil & Trä
Bei Ann Marie Werkelin kann man nicht nur Kunsthandwerk aus Leder oder Holz erstehen, man bekommt auch eine neue Nähmaschine, wenn man will.
2 km hinter der Kirche
Tel. 04 98/22 43 50

Am Abend

Hagget
Wo ein Strand ist, muß es auch eine Strandparty geben, selbst wenn es auf der einsamen Insel Fårö ist. Im Sommer wird an Wochenenden aus dem Pizzeria-Pub Hagget abends eine Diskothek.
Sudersand
Tel. 0498/22 37 65

Service

Nächstes Turistbyrå in Bunge gegenüber dem Museum, → S. 64

Anreise
Die Fähre von Fårösund fährt tagsüber normalerweise halbstündlich, früh morgens und abends in der Regel stündlich. Zwischen 24 und 5 Uhr nur auf Bestellung. Tagsüber keine Reservierung möglich. Bestellung der Nachtfähre:
Tel. 04 98/22 10 46
Tel. 0 10/2 39 76 24 (Fähre)

Sudersand ist der Top-Strand auf Fårö

Die Kalksteinindustrie hat den Norden der Insel zusammen mit dem Militär geprägt. Karge, heideähnliche Gebiete kennzeichnen die Natur.

Fährt man von Visby aus auf einer der beiden Hauptstraßen in Richtung Norden, wird es schnell einsam. Die mageren Böden haben es den Bauern in diesem Teil der Insel schwer gemacht. Und so sind die Dörfer klein, größere Ansiedlungen gibt es mit Ausnahme der beiden Dörfer Tingstäde und Lärbro nur am Wasser. Die beiden Dörfer sind kulturhistorisch interessant, Lärbro durch die Kirche und Tingstäde durch die im See versunkene Burg. Kappelshamn, Slite und Fårösund sind Hafenorte, die ihre Entstehung der frühen Industrie verdanken. Mancherorts sieht man noch die alten Öfen, in denen vermutlich seit dem 17. Jahrhundert Kalk gebrannt wurde. Mittelalterliche Kalksteinbrüche sind noch in Bro und Hejdeby zu sehen. Seinerzeit gehörten die Steinbrüche den Bauern, und der Kalkstein wurde unbearbeitet exportiert. Die Bauern, die Kalk brannten, wurden sehr wohlhabend. Davon zeugen die großen Höfe, Kalkpatrongården genannt. Ein prächtiges Exemplar befindet sich in dem kleinen Ort Kyllaj.

Jahrzehntelang beanspruchte das Militär den Hafen von Fårösund

Fårösund ■ E2

Fårösund bildet den Brückenkopf zur benachbarten Insel Fårö. Wenn es nach den Plänen der Gotländer geht, soll hier in einigen Jahren eine Brücke entstehen, denn der Verkehrsstrom auf die Insel hat deutlich zugenommen. Fårösund ist geprägt von alten Kalkbrennereien, dem Militär und dem Fähranleger. Der Ort wirkt eher sachlich als idyllisch, verfügt aber über eine Reihe von Geschäften mit Artikeln des täglichen Bedarfs.

Eine wichtige Rolle spielte der Sund im Krimkrieg 1854. Die französisch-englischen Flottenverbände griffen Rußland auf der Ostsee an, um eine zweite Front zu eröffnen. Die heute zu Finnland gehörenden Åland-Inseln waren seinerzeit in russischer Hand. Die englisch-französischen Flottenverbände griffen deshalb die riesige russische Festung Bomarsund an und zerstören sie. Obwohl Schweden neutral blieb, nutzten rund hundert englisch-französische Kriegsschiffe den Sund als Ankerplatz für diesen Angriff. In der Folge des Krimkrieges wurde Fårösund von der schwedischen Regierung zum Kriegshafen erklärt und als Festung ausgebaut. Dadurch sollte es anderen Mächten unmöglich gemacht werden, den Sund zwischen Gotland und Fårö noch einmal militärisch zu nutzen. Von den damaligen Stellungen sind in Fårösund noch Reste erhalten. Seit dieser Zeit wurde der nördliche Teil Gotlands vom Militär beansprucht. Für ausländische Touristen war Fårösund nur auf der Straße 148 zu erreichen, alle Nebenstraßen gehörten zum militärischen Sperrgebiet. Die Sperrzone soll 1997 endgültig aufgehoben werden, nachdem sie in den letzten Jahren schon mehrfach verkleinert wurde.

Hotels und andere Unterkünfte

Fårösund Marina & Hotell
Das kleine Hotel liegt direkt am Sund zwischen Gotland und der Insel Fårö. Solarium und Tennisplatz können ebenso von den Hotelgästen wie von den Urlaubern genutzt werden, die ihr Boot an der Marina festmachen.
Fårösund, Strandvägen 6–7
Tel. 04 98/22 16 62, Fax 22 17 97
15 Zimmer
Untere Preisklasse (AE, DC, EC, Visa)

Fårösund Stugor & Båtar
Kleine Hüttenanlage 1 km von Fårösund entfernt in der Nähe eines Wäldchens am Meer.
Fårösund, Strandvägen 80
Tel. 04 98/22 16 94
Untere Preisklasse

Museum

Bunge Museet
Das Freilichtmuseum von Bunge ist neben Gotlands Fornsal das wichtigste Museum Gotlands. Während in Visby die städtische Kultur im Vordergrund steht, wird in Bunge über das Leben der Bauern in früheren Jahrhunderten berichtet. Von rekonstruierten Grabfeldern über Schiffssetzungen bis hin zu wiederaufgebauten Bauernhöfen des 19.Jh. reicht die Palette des Gezeigten. Sehenswert die Bildsteine sowie das mittelalterliche Eingangstor.
Bunge, an der Str. 148 vor Fårösund.
15. Mai–14. Juni, 16.–31. Aug. tgl. 10–16 Uhr
16. Juni–15. Aug. tgl. 10–18 Uhr
Erw. 40 SEK, Kinder 10 SEK

Gotska Sandön

Gotlands einziger Nationalpark ist eine Insel, die zwischen Gotlands Norden und dem schwedischen Festland liegt. Sie ist etwa 7 km breit und 5 km lang. Da die Insel zur Schafhaltung genutzt wurde und man mit den Baumbeständen nicht schonend umging, setzte sich der Sand immer stärker durch. Heute findet man Wälder, die vom Sand erstickt wurden. 1910 wurde ein Teil von Gotska Sandön zum Nationalpark erklärt, 1963 die gesamte Insel. Sowohl von Nynäshamn auf dem Festland als auch von Fårösund aus werden Bootstouren angeboten. Übernachtungen sind in einer Hütte oder im Zelt möglich.
Schiffsbuchung Tel. 04 98/3 42 87, Fax 3 42 03
10. Mai–8. Sept.
Erw. 595 SEK, Kinder 7–12 Jahre 50% Ermäßigung, bis 6 Jahre frei

Kappelshamn ■ D 2

Kappelshamn besteht aus ein paar Häusern, einem häßlichen Industriehafen und der Aussicht auf die gegenüberliegenden Industrieanlagen von Storugns, was soviel wie »großer Ofen« bedeutet. Doch die Umgebung ist vor allem an der Küste abwechslungsreich.

Sehenswertes

Kalkbrottet i Storugns
Die riesige Industrieanlage ist die moderne Nachfolgerin der traditionellen Kalksteinbrüche. Man kann den Kalksteinbruch in Storugns nicht besichtigen, doch führt die Straße nach Bläse mitten durch das Werk hindurch. Die riesigen, vollautomatischen Förderbänder sind schon sehenswert. Vorsicht vor den weißen Staubwolken und kreuzendem Schwerlastverkehr.
Von Str. 149 südlich von Kappelshamn nach Storugns und Bläse abbiegen

Der Besondere Tip

Hallshuk am nördlichen Zipfel der Insel ist einer der schönsten Aussichtspunkte. Die Küste erhebt sich hier rund 30 Meter steil aus dem Meer. Man hat einen Rundumblick über die Insel, hinüber nach Fårö und hinaus auf das Meer. Ein Naturschutzgebiet, in dem sich auf dem hohen Ufer gut wandern läßt, schließt sich an. Zu Füßen der Klippe liegt das alte Fischerdorf Hallshuk mit einem kleinen, 1927 befestigten Hafen. Vom 17. bis zum Beginn des 20. Jahrhunderts war dies einer der ertragreichsten Fischereihäfen Gotlands. Angler stehen gern im flachen Wasser vor der Steilküste. Hallshuk erreicht man über die Straße 149, von der man etwa 3 km westlich von Kappelshamn nach Hall und Hallshuk abbiegt. ■ D 2

Museen

Bläse Kalkbruk
Im ehemaligen Kalkwerk von Bläse wurde ein Industriemuseum eingerichtet, das die frühindustrielle Seite der gotländischen Geschichte nicht nur sichtbar, sondern auch erlebbar macht. Silos, Kalköfen und Halden blieben erhalten. In den zwanziger und dreißiger Jahren fanden hier bis zu 140 Menschen Arbeit. In Bläse kann man Touren mit der alten Werksbahn machen. In einem der Brennöfen wurde ein Café eingerichtet, in dem man auch kleinere warme Mahlzeiten bekommt. Es finden regelmäßig Veranstaltungen wie Konzerte, Lesungen oder Ausstellungen statt.

TOPTEN 4

Von Str. 149 südlich von Kappelshamn nach Bläse abbiegen
1. Mai–30. Sept. Mo–Fr 10–18 Uhr, Sa–So 12–18 Uhr
Eintritt Erw. 25 SEK, Kinder bis 15 Jahre frei

Groddagården in Fleringe
Der Hof Groddagården. stammt aus der ersten Hälfte des 18. Jh., als eine der Hauptverbindungen von Visby nach Norden über Fleringe führte. Hier wurden die Pferde der Kutschen gewechselt, und ein Gasthof entstand. Durch die musikalische Begabung seiner Besitzer entwickelte sich eine reiche Spielmannskultur. Ein Teil der hier genutzten Instrumente ist in Gotlands Fornsal in Visby zu sehen. Heute ist der Hof als Museum zurechtgemacht, jedoch ein typisch schwedisches: Die Tür steht offen, wer will, geht hinein. Die Einrichtung stammt überwiegend aus dem 19. Jh.
Von Str. 149 südlich von Kappelshamn nach Storugns abbiegen. Hinter Storugns Nebenstraße nach Fleringe.
Im Sommerhalbjahr tgl. geöffnet. Eintritt frei außer bei Veranstaltungen

Einkaufen

Skymnings Lamm & Pälsgård
→ Einkaufen, Der Besondere Tip, S. 32

Der Bläse Kalkbruk ist heute ein Industriezentrum

Lummelunda ■ B3

Lummelunda ist eine Streusiedlung, die sich weit über das Land nördlich von Visby zieht. Am bekanntesten ist die Grotte, weil dorthin von Visby aus regelmäßig Ausflüge per Bus angeboten werden. Sie liegt von der Kirche von Lummelunda aber etwa 3 km entfernt. Martebo und Lummelunda gehen fast ineinander über, die Gemarkungsgrenze ist für Ortsfremde nicht sichtbar. Als Faustregel mag gelten: Wo die Kirche steht, ist das Dorfzentrum.

Sehenswertes

Lummelundagrottan
Daß es bei Lummelunda eine Grotte gab, war schon früh bekannt, doch erst ab 1948 wurde das volle Ausmaß der Höhle entdeckt. Bislang wurden knapp 3 km lange Grottengänge erforscht. Durch einen Eingang, den man in den fünfziger Jahren in den Fels sprengte, können Besucher die Höhle gefahrlos besuchen. In unmittelbarer Nachbarschaft befindet sich ein frühindustrieller »bruk«, ein Sammelbegriff für Werk oder Hütte. In Lummelunda bruk wurde Holz gesägt, Eisen verarbeitet und Papier hergestellt. Bereits um 1620 trieben Mühlräder sechs Wassermühlen an. Ein besonders großes Wasserrad kann besichtigt werden. In einem der historischen Gebäude befindet sich eine kleine Cafeteria.
Lummelunda, an der Str. 149 den Schildern folgen
1. Mai–15. Sept. tgl. 9–16 Uhr, Juli 9–18 Uhr
Grotte: Erw. 40 SEK, Kinder 28 SEK
Mühlrad: Erw. 10 SEK, Kinder 6 SEK
Bus ab Visby Österport 16. Juni–11. Aug. tgl. 14 Uhr

Martebo kyrka
Die Kirche von Martebo zählt zu den kunsthistorisch wichtigsten sakralen Bauwerken Gotlands. Sie wurde im Stil der Hochgotik im 14. Jh. erbaut. Ein kleiner Turm der romanischen Vorläuferin blieb erhalten. Auch der

Von der Lummelundagrotte sind etwa 3 Kilometer erforscht

Taufstein stammt aus dem 13. Jh., die Kanzel aus dem 16. Jh. zählt zu den ältesten ihrer Art auf der Insel. Die drei Portale der Kirche sind reich mit Figuren aus der Geschichte Christi verziert. Sie werden dem anonymen Steinhauer Egypticus zugeschrieben, der seine Spuren auch an einigen anderen Kirchen Gotlands hinterließ.

Stora Hästnäs
Östlich des Flugplatzes von Visby liegt in Stora Hästnäs eines der am besten erhaltenen mittelalterlichen Steinhäuser auf dem Lande. Das dreigeschossige Haus mit dem markanten Treppengiebel stammt vermutlich aus dem 14. Jh. und weist große Ähnlichkeiten mit den Häusern der Hansezeit in Visby auf. Es befindet sich in Privatbesitz, kann aber besichtigt werden, wenn man sich mit dem Hofhund arrangiert.
Str. 148 nordwestlich von Visby nach Stora Hästnäs abbiegen

Einkaufen

Ihre gård
Ihre gård ist ein großer Bauernhof nahe dem Dorf Ire nördlich von Lummelunda an der Straße 149. Ihre gård bietet ein bißchen von allem: Lamm-Grillabende, Ausritte auf den gotländischen Russ-Ponys, ein Café, Vorführungen, wie man Wolle spinnt, und einen ansehnlichen Laden auf dem Bauernhof. Hier werden selbstgesponnene und gefärbte Wolle, Schaffelle, Strickwaren und Souvenirs verkauft. Zum abendlichen Lammgrillen ist eine Vorbestellung ratsam.
Ire, an der Str. 149
Tel. 04 98/22 48 20, Fax 22 48 21

Essen und Trinken

Krusmyntagården
Zwischen Visby und Lummelunda liegt der Kräutergarten, den man als Sehenswürdigkeit besichtigen kann. Doch die angebauten Kräuter darf man auch im dazugehörigen Restau-

Auf dem Ihre gård werden u.a. Strickwaren und Felle verkauft

Die Kirche in Lärbro ist die ungewöhnlichste der Insel

rant verkosten. Bekannt für gute **saffranspannkakor**, eine gotländische Kuchenspezialität Im Sommer gibt es zudem die beliebten Lamm-Grillabende zweimal wöchentlich. Reservierung angeraten.
Str. 149 10 km nördlich von Visby
Tel. 04 98/29 69 01
Kräutergarten 2. Juni–25. Aug.
tgl. 9–18 Uhr, Juli 9–20 Uhr
Erw. 20 SEK, Kinder bis 11 Jahre frei

Lugnets Gästgifveri
Das Restaurant des Golfplatzes von Visby liegt sehr ruhig und bietet günstige Tagesgerichte zu 45 Kronen.
Zwischen Str. 148 und 149 nördlich von Visby. Den Schildern zum Golfplatz folgen.
Tel. 04 98/27 95 70
Untere Preisklasse (AE, DC, EC, Visa)

Lärbro ■ D3

Lärbro ist ein Dorf, das im Schnittpunkt der Straßen von Visby nach Fårösund und von Kappelhamn nach Slite entstand. Daß hier schon früh eine Siedlung bestand, belegen die nahe gelegenen Schiffssetzungen von Domarlund und die sehenswerte Kirche mit Ahnen aus dem 12. Jh.

Unterkunft

STF Vandrarhem Lärbro
Die sparsam ausgestattete Jugendherberge von Lärbro liegt für Fahrradurlauber günstig.
Lärbro, Gutegården
5. Mai–31. Aug.
Tel. 04 98/22 57 86 (9–11, 17–20 Uhr)
14 Zimmer
Untere Preisklasse

Sehenswertes

Lärbro kyrka
Der ungewöhnliche achteckige Turm unterscheidet die Kirche von Lärbro von allen anderen Kirchen Gotlands. Der Bau der Kirchen erfolgte in mehreren Abschnitten im 13. und 14. Jh. Auch von innen ist die Kirche sehenswert aufgrund ihrer schlichten Schönheit und der Wandmalereien. Neben der heutigen Kirche steht ein Verteidigungsturm, der vermutlich aus dem 11. Jh. stammt. Er weist viele Ähnlichkeiten mit dem Turm Kruttornet in der Stadtmauer von Visby auf.
Mai–Sept. 8–16 Uhr

Takstens gård
Der Hof Taksten ist ein typischer gotländischer Hof, wie man ihn dort findet, wo der Boden reich und fruchtbar ist. Die mehrgeschossigen Wirtschaftsgebäude sind weiß gekalkt. Schöner, alter Baumbestand. Der Hof wird teilweise weiter be-

wirtschaftet und bewohnt. Gelegentlich Veranstaltungen und Lamm-Grillabende.
Str. 148 5 km nördlich von Lärbro
1. Juni–15. Aug. tgl. 10–18 Uhr
Erw. 20 SEK, Kinder bis 16 Jahre frei

Slite ■ D 4

Slite ist nach Visby der zweitgrößte Ort der Insel. Das verdankt Slite zum einen seinem natürlichen Hafen, der windgeschützt schon den Wikingern als Anlaufpunkt diente. Die moderne Kalk- und Zementindustrie ist sich der Vorteile des Hafens ebenfalls bewußt. Der größte Arbeitgeber ist die Firma Cementa, gleichzeitig der größte Zementhersteller Schwedens. Zwei Millionen Tonnen Zement werden jährlich in Slite bei Cementa produziert, doch in ganz Schweden liegt der Verbrauch nur bei 1,3 Millionen Tonnen. Davon bedient das Werk in Slite etwa 60 Prozent, der große Rest geht in den Export, beispielsweise in die USA und nach Nigeria. Probleme bereitet der große Ausstoß von Schwefelstoff und Stickstoff bei der Produktion. Bis 1998 sollen alle Öfen für 150 bis 200 Millionen Kronen so umgerüstet werden, daß der Schadstoffausstoß um 80 Prozent gesenkt wird. Für Slite ist Cementa mit 350 Angestellten überlebenswichtig. Für Urlauber ist es gut zu wissen, daß in diesem Ort alle Geschäfte des täglichen Bedarfs vorhanden sind.

Hotel

Slitebaden Hotell
Zwischen dem Fährhafen und den beiden Hauptstraßen der Innenstadt liegt das Hotel zentral. Ein Tagesgericht wird nicht nur für Hotelgäste zwischen 11 und 18 Uhr serviert.
Bei gutem Wetter Gartenwirtschaft.
Slite, Kronbrunnsgatan 2
Tel. 04 98/22 23 70
Untere Preisklasse (AE, DC, EC, Visa)

Slite ist die zweitgrößte Stadt Gotlands

Sehenswertes

Hide Kulturbrott TOPTEN 9

Eigentlich ist es ein ganz normaler, stillgelegter Steinbruch, der sich außerhalb des Dorfes Hide nahe dem Meer befindet. Nur ein geschotterter Weg führt dorthin. Was den kleinen, fast runden Steinbruch so interessant macht, sind die Veranstaltungen, die dort im Sommer in unregelmäßigen Abständen stattfinden. Dann wird aus dem Steinbruch ein »Kulturbruch«. Ob Rockkonzert oder klassische Musik, Theater oder Kleinkunst, es ist die besondere Atmosphäre, die jede Veranstaltung zu einem beeindruckenden Erlebnis macht. Spärlich mit Fackeln beleuchtet, der Strom des Generators reicht gerade für Bühnenbeleuchtung und Verstärker, wird jedes Konzert in ein unwirkliches Licht getaucht. Gesessen wird auf Felsbrocken oder mitgebrachten Decken. Die Ausstattung des Steinbruchs ist spartanisch, doch die Stimmung kann phantastisch sein, wenn Licht, Luft und Musik eine Einheit bilden. Außerhalb der Veranstaltungen ist Hide Kulturbrott unspektakulär.
Von Str. 147 Slite-Lärbro nach Hellvi abbiegen, von dort nach Hide. Bei Veranstaltungen wird der Weg zum Steinbruch ausgeschildert.

Strandridaregården Kyllaj

Kyllaj war einst ein wichtiger Hafenort. Vertreter des Staates war der Strandvogt, der auch die Zollangelegenheiten zu klären hatte. Strandridare, also Strandreiter, nannte sich die Position. Johan Ahlbom wurde im 18. Jh. zum Strandvogt ernannt und ließ sich einen repräsentativen Hof bauen. Er wurde Teilhaber einer Reihe von Öfen im Nordwesten der Insel und stieg zum Großgrundbesitzer auf. Der herrschaftliche Hof in Kyllaj wird vom Bungemuseet verwaltet. In der näheren Umgebung bei Lörge stehen noch Kalköfen und Hafengebäude.
Str. 148 oder 147 in Richtung Hellvi, dort nach Kyllaj abbiegen
15. Juni–15. Aug. 13–17 Uhr
Erw. 15 SEK, Kinder 10 SEK

Tingstäde ■ C4

Tingstäde liegt rund 10 km von Lärbro entfernt in Richtung Visby. Das Dorf liegt an dem See Tingstäde träsk, der ein Geheimnis birgt, das sich nur vom Wasser aus erschließt. Tingstäde verfügt über eine relativ geschlossene Bebauung rund um die Kirche. Ein kurzer Spaziergang lohnt sich.

Sehenswertes

Bulverket in Tingstäde

Im See befand sich einst eine befestigte Burg, die auf einer Fläche von 175 qm stand. Vermutlich wurde sie zum Ausgang der Wikingerzeit, um das Jahr 1000, genutzt. Die Burg wurde aus Palisadenhölzern in den See hineingebaut. Man hat errechnet, daß 10 000 Rundhölzer für den Bau benötigt wurden. Man weiß, daß die Festung durch ein Feuer zerstört wurde. Die Überreste der Burg sind nur vom Boot aus bei stillem Wasser zu erkennen. Ein Modell von Bulverket befindet sich in Visby im Museum Gotlands Fornsal.

Tingstäde kyrka

Die Kirche von Tingstäde fällt durch ihren 55 m hohen Turm auf, von dem aus man einen guten Blick über die Insel hat. Sie wurde im 12. Jh. gebaut und bis zum 14. Jh. erweitert. Kalkmalereien an den Wänden im Inneren stammen aus der Zeit des Baus.

Markant ist der 55 Meter hohe Turm der Tingstäde kyrka

Åminne ■ D5

Åminne hat keine Kirche, ist also auch kein Dorf, so einfach ist das auf Gotland. Die Siedlung ist in erster Linie auf den Zustrom von Badeurlaubern zurückzuführen. Außerhalb der Sommersaison wird es in Åminne sehr ruhig, ein normales Dorfleben wie in Lärbro, Slite oder Gothem gibt es in Åminne während des Rests des Jahres nicht. Die Badeurlauber im Sommer stört das wenig, denn der Strand ist gut, und Restaurant und Lebensmittelladen sind zu Fuß zu erreichen.

Unterkünfte

Åminne Semesterby
Nahe einem der schönsten Strände Gotlands befindet sich die Hüttenanlage von Åminne, die zusammen mit einem Campingplatz, einem Lebensmittelgeschäft und dem Restaurant eine Einheit bildet. Die meisten Hütten sind mit Dusche, WC und Satelliten-TV ausgestattet. Auch die 46 Stellplätze für Wohnwagen verfügen über Strom- und TV-Anschluß.
Tel. 04 98/3 40 11, Fax 3 43 23
46 Hütten, ganzjährig geöffnet
Mittlere Preisklasse (AE, DC, EC, Visa)

Sehenswertes

Tjelvars grav
Ob unter dieser Schiffssetzung wirklich Tjelvar, der Sage nach der erste Bewohner Gotlands, begraben liegt, darf bezweifelt werden. Die in Form einen Schiffes angeordneten Steine kennzeichnen auf jeden Fall ein Grab aus der Bronzezeit. Die Schiffssetzung ist 18 m lang und 5 m breit.
Ca. 1 km westlich der Str. 146 Åminne-Slite, ausgeschildert

Vikle minnesgård
Der altertümliche Hof aus dem 18. Jh. am Ufer der Bucht Tjälderviken ist heute ein Museum. Bis in die fünfziger Jahre konnte der Hof seine Bewohner selbst ernähren. Der Ertrag von Äckern und Gemüsebeeten reichte für drei Personen. Arbeitspferde und Kühe wurden gehalten, ein Boot lag zum Fischen bereit. Der Hof verfügt über eine Schmiede und einen Kräutergarten.
Vike, Str. 146 Åminne Richtung Slite

Essen und Trinken

Åminne Restaurant
Das Restaurant verfügt über eine große Terrasse, von der man durch Bäume bis zum Wasser schauen kann. Von der Qualität des Essens her liegt das Pizzeria-Cafeteria-Restaurant noch im akzeptablen Bereich. Die Öffnungszeiten richten sich nach der Belegung von Hütten und Campingplatz, was einen Besuch für auswärtige Gäste außerhalb der Hochsaison zur Lotterie macht.
Etwas abseits der Str. 146 in Åminne
Mittlere Preisklasse (AE, DC, EC, Visa)

Service

Turistbyrå Bunge
Str. 148, gegenüber Bungemuseet
Tel. 04 98/22 11 12 Fax 22 10 18
1. Juni–31. Aug. tgl. 10–18 Uhr

Turistbyrå Slite
Torget
Tel. 04 98/22 24 63 Fax 22 22 21
1.–14. Juni, 16.–31. Aug. tgl. 10–16 Uhr, 15. Juni–15 Aug. tgl. 10–18 Uhr

Östlich von Visby liegt ein reiches Bauernland mit prächtigen Kirchen. Die Küste im Osten wurde Anfang des Jahrhunderts von Urlaubern entdeckt.

Osten und Mitte der Insel sind sehr unterschiedlich. Während man an der Küste bei Ljugarn im Sommer vom Tourismus zu leben beginnt, ist es um das Gebiet Katthammarsvik und Östergarn fast schon zu ruhig. Abgelegene Strände laden zu Entdeckungen ein, und an den kleinen Häfen gibt es den Fisch frisch vom Kutter oder aus der benachbarten Fischräucherei. Die Fischerei ist trotz der Überfischung der Ostsee noch immer ein Standbein der örtlichen Wirtschaft, wenn auch kein starkes. Von den einst großen und wichtigen Kalkbrüchen sind nur noch Überreste vorhanden: hier ein Ofen, dort ein Steinbruch und gelegentlich sogar die Ruinen eines Hafens. Daß der Osten Gotlands eine sehr wichtige Rolle im Handel der Völkerwanderungszeit (400–700 n. Chr.) und der Wikingerzeit (800–1100 n. Chr.) spielte, läßt sich an vielen historisch bedeutsamen Funden belegen. Frühzeitliche Burgen lagen auf Grogarnsberget und der vorgelagerten Insel Östergarnsholm, große Grabfelder wie Trullhalsar oder die Hofanlage bei Fjäle zeigen, daß die Besiedlung über eine lange Zeit erfolgte. In der Zeit der Christianisierung entstanden zwischen 1100 und 1400 die meisten der Landkirchen Gotlands. In der Mitte der Insel finden sich einige der schönsten Kirchenbauten. Man muß keine großen historischen Vorkenntnisse haben, um auf Gotland in einem Schnelldurchgang die Geschichte des Ostseeraumes von Christi Geburt bis zum 14. Jahrhundert Revue passieren zu lassen. Gerade der Osten der Insel ist für das erste Jahrtausend besonders interessant. Neben der Landwirtschaft ist der Tourismus zu einer Einnahmequelle geworden. Ljugarn gilt als das Urlauber-Zentrum, doch ist es nach unseren Maßstäben klein und idyllisch geblieben. Attraktiv ist diese Ecke der Insel auch durch die vielen Töpfereien und die guten Golfplätze in Stånga und När.

Im Binnenland liegen einige wichtige Dörfer, die durch die Landwirtschaft groß wurden. Zur Jahrhundertwende wurde ein umfangreiches Eisenbahnnetz auf Gotland angelegt, das vor allem dazu diente, Zuckerrüben in die Zuckerfabrik nach Roma zu bringen. Erhalten blieb nur ein kurzes Teilstück bei Dalhem, das im Sommer mit einer Dampflokomotive und historischen Waggons befahren wird.

Die Ostküste wird bei Ljugarn vom Tourismus geprägt

Ala ■ D6

Ala ist ein kleines Dorf auf dem Weg von Roma nach Ljugarn. Die Kirche aus dem 12. Jh. ist aufgrund ihres abweichenden Grundrisses für Kirchenhistoriker von Interesse. Chor und Langhaus bilden hier einen einheitlichen Raum. Ansonsten ist Ala unspektakulär nett.

Sehenswertes

Fjäle Ödegård
Fjäle Ödegård ist eine der wichtigsten archäologischen Ausgrabungsstätten Gotlands. Der verlassene Hof Fjäle war von etwa 100 n. Chr. bis um 1350 bewohnt. Durch seine abgeschiedene Lage wurden die alten Mauerreste nicht überbaut und konnten so gut untersucht werden. Mit 20 ha Land handelte es sich um einen reichen Hof, der in vorchristlicher Zeit seinen eigenen Friedhof um die Ecke hatte. Man muß sich nicht unbedingt für Archäologie interessieren, um die Natur rund um Fjäle Ödegård zu genießen. 2,5 km langer Wanderweg in Richtung Alskog (Kulturstig).
Str. 143 südlich von Ala, 3 km Waldweg

Essen und Trinken

Konstnärsgården
Der Künstlerhof an der Kirche von Ala ist ein in jeder Hinsicht geschmackvolles Restaurant. Kunstausstellungen und gelungene Essenskompositionen kennzeichnen Konstnärsgården. Abends Reservierung notwendig.
Str. 143, neben Ala Kyrka
Tel. 04 98/5 50 55, Fax 5 50 44
22. April–31. Aug., sonst nur nach Vorbestellung für Gruppen
Obere Preisklasse (AE, DC, EC, Visa)

Alskog ■ D7

Alskog ist ein Straßendorf wie viele andere auch. Bemerkenswert ist, daß sich in dem Dreieck, das die Dörfer Alskog, Stånga und Etelhem bilden, so viele gute Kunsthandwerker niedergelassen haben.

Unterkunft

STF Vandrarhem Garde
Die Jugendherberge von Garde nimmt Buchungen für alle gotländischen STF Vandrarhem an, weil sie als einzige ganzjährig geöffnet hält.
Lauvägen, Garde
Tel. 04 98/49 13 91, Fax 49 11 81
48 Betten in 2- und 4-Bett-Zimmern
Untere Preisklasse (AE, DC, EC, Visa)

Sehenswertes

Garda kyrka
Die Kirche von Garde ist von einer Friedhofsmauer umschlossen, in der alle vier steinernen Eingangstore erhalten blieben. Die Kirche zählt zu den ältesten der Insel und wurde vermutlich auf den Resten einer Holzkirche erbaut. Teile der Innenwände sind mit Malereien im russischen Stil aus dem 13. Jh. verziert, ein Beleg für Handelskontakte.
Garde

Gute Zoo
Der kleine Zoo beherbergt Schweine, Ziegen und Esel genauso wie Kamele, Straußenvögel und Affen. Kinder finden den Streichelzoo gut, auch wenn manche Tiere nicht artgerecht gehalten werden.
Str. 144 Alskog-Garde, den Schildern folgen.
Tel. 04 98/49 13 50
15. Mai–30. Aug. tgl. 10–18 Uhr
Erw. 60 SEK, Kinder 3–12 Jahre 45 SEK

Einkaufen

Mejeriet TOPTEN 3

Mit welch einfachen Mitteln Tomas Stöfting und Eila Burvall aus der ehemaligen Meierei ein kleines Kunstzentrum gemacht haben ist beeindruckend. Weiß gekalkte Wände und helles Holz bilden den dezenten Hintergrund für die Arbeiten aus Wolle und Keramik. Eila Burwall webt Teppiche, jeder ein Unikat, und entwirft Strickpullover, natürlich aus pflanzengefärbter Wolle. Tomas Stöfting ist einer der Keramiker, die einen wirklich eigenen Stil gefunden haben. Ihm gelingt die Gratwanderung zwischen Kunst und Gebrauchsgegenstand. Dabei nimmt er in Kauf, daß seine Kreationen eben nicht jedem gefallen. Kräftige, klare Farben und eine ausdrucksvolle Formensprache zeichnen sein Geschirr aus. Er scheut nicht vor quadratischen, blauen Tellern zurück, formt andererseits aber auch anmutige, schlanke und hohe Vasen.
Alskog, Str. 144
Sommer Mo–Fr 11–18 Uhr,
Sa–So 12–15,
sonst nach Vereinbarung
Tel. 04 98/49 30 28

Dalhem ■ C5

Dalhem ist ein vergleichsweise großes Dorf mit stattlichen Bauernhöfen in der Mitte der Insel, doch das benachbarte Roma hat im Zeitalter der Autos Dalhem den Rang abgelaufen, weil es an der Hauptstraße liegt, während Dalhem sich mit einer Landstraße bescheiden muß. Die große Kirche zeugt vom Wohlstand der Bauern. Touristenattraktion Nummer eins ist die Museumseisenbahn. Der Bahnanschluß war für die Zuckerindustrie wichtig, denn in Dalhem wurden Zuckerrüben angebaut. Sehenswert auch das mittelalterliche Steinkreuz am Ortsausgang Richtung Hörsne und Gothem.

Sehenswertes

Bringes gård ■ D6

Um zu verstehen, daß die Bauern Gotlands zur Hansezeit so mächtig waren, daß sie sich einen Wirtschaftskrieg mit Visby leisten konnten, braucht man sich nur die Landkirchen anzuschauen. Von den Handelshäusern der Bauern ist wenig übrig. Neben Stora Hästnäs bei Visby sind auch die Ruinen von Bringes gård, eines großen, vermutlich

Die Besitzer der Meierei in Alskog

Dalhems Attraktion ist die Museumsbahn

dreigeschossigen Hauses bei Norrlanda, erhalten. Man weiß nicht viel über das Gebäude, doch Bringes gård muß im Mittelalter ein bedeutender Handelshof gewesen sein.
Bringes, Norrlanda
Von Dalhem über Ganthem nach Norrlanda, dort ausgeschildert

Dalhem kyrka
Eine der größten Dorfkirchen Gotlands, erbaut im gotischen Stil im 13. Jh. Bemerkenswert der Turm von Meister Egypticus aus dem 14. Jh. Die Glasmalerei an den Fenstern des Chores stammt von etwa 1250 und ist damit die älteste ihrer Art auf Gotland. Ein Grabstein aus dem 12 Jh. ist in das nördliche Portal eingemauert.

Museen

Dunbodi Lanthandel
Der Landhandel in Dune, etwa 1 km von der Kirche in Dalhem entfernt, stammt mit seiner Einrichtung aus den Jahren um 1890. Bis 1976 versorgten sich hier die Einwohner mit dem Lebensnotwendigen. Gebäude und Einrichtung wurden unter Denkmalschutz gestellt und dienen heute als Museum.Ein wenig Trödel und ein paar Beinahe-Antiquitäten wie alte Spiegel oder Besteck kann man hier auch erstehen.
Landstraße Dalhem- Hörsne,
ca. 1 km außerhalb Dalhem
16. Juni–15. Aug. tgl. 12–17 Uhr,
sonst nach Vereinbarung
Tel. 04 98/3 81 55

Norrlanda Fornstuga
Das kleine Freilichtmuseum entstand 1924 auf private Initiative. Die hier erhaltenen Bauernhäuser bestehen meist nur aus einem oder zwei Räumen. Das Museum gibt einen guten Eindruck der Lebensbedingungen der einfachen Leute. Leicht zu übersehen: die kleinen Wegsteine, die angeben, welcher Bauer wieviel Wegstrecke in Ordnung zu halten hatte.
Von Str. 146 Ala-Gothem Richtung Hörsne abbiegen

Der Besondere Tip

Gotlandståget, Museijärnvägen Die Museumseisenbahn verkehrt im Sommer mit einer Dampflok von Dalhem in den Wald hinein und zurück. Historische Waggons wurden in liebevoller Handarbeit restauriert. Im Lokschuppen sind mehrere im Aufbau befindliche Waggons zu sehen. Das benachbarte Bahnhofs-Café zeigt eine Ausstellung über Aufstieg und Fall des großen Eisenbahnnetzes auf Gotland, von dem nur diese einen Kilometer lange Strecke erhalten blieb. Dalhem Bahnfahrten: 9.–25. Juni, 9.–18. Aug. So 13–17 Uhr, 26. Juni–8. Aug. Mi, Do, So 13–17 Uhr, Erw. 20 SEK, Kinder 4–12 Jahre 10 SEK; Café: 23. Juni–11. Aug. tgl.
■ C 5

Etelhem ■ C 7

Etelhem ist das Zentrum der Keramiker auf Gotland. Drei Töpfereien gibt es allein in Etelhem, darunter die älteste der Insel. Daß die Einheimischen allerdings beginnen, von Gotlands Antwort auf das berühmte småländische Glasreich zu sprechen, ist reichlich hochgegriffen. Westlich von Etelhem beginnt eine ausgedehnte Heidelandschaft, die sich bis nach Klintehamn zieht. Bei Lojsta ändert sich die Landschaft, es wird für gotländische Verhältnisse überraschend hügelig. Zwischen den Kuppen verstecken sich mehrere kleine Seen, die bis zu 10 m tief sind.

Einkaufen

Etelhem Krukmakeri
Die älteste noch bestehende Töpferei der Insel wurde 1889 gegründet. Im Sommer mieten sich internationale Töpfer ein, die hier ihre eigenen Projekte verwirklichen können. Das Sortiment umfaßt klassische gotländische Muster von Fensterlampen bis hin zu Eßgeschirr.
Die Werkstatt ist ganzjährig geöffnet und kann besichtigt werden.
Etelhem Richtung nach Garde
Mai tgl. 10–18 Uhr, 1. Juni–20. Aug. So–Fr 9–20 Uhr, Sa 9–18 Uhr, sonst nach Vereinbarung
Tel. 04 98/49 40 35

Larsson & Larsson
Bei den Larssons dominieren helle Glasuren mit Blumenmustern, die einen breiten Geschmack treffen.
Etelhem, 1 km nördlich der Kirche Richtung Roma
1. Juni–31. Aug. tgl. 10–18 Uhr, sonst nach Vereinbarung
Tel. 04 98/49 41 45

Lautins Krukmakeri
Handgedrehte Keramik findet man auch an der nördlichen Einfahrt zur Kirche von Etelhem.
Etelhem, in der Nähe der Kirche
Tel. 04 98/ 49 41 4815. Mai–15. Aug. tgl. 8–19 Uhr
Erw. 2 SEK (freiwillig)

In Etelhem befindet sich die älteste Töpferei Gotlands

Gothem ■ D5

Gothem ist ein Dorf mit verhältnismäßig geschlossener Bebauung, das durch seine weit über die Felder sichtbare Kirche ins Auge fällt. Im Laden trifft sich die Landbevölkerung zum Plausch, während die Jugendlichen ihren Mopedtreff an der aufgemotzten Imbißbude haben.

Sehenswertes

Gothem kyrka
Die Kirche von Gothem ist nicht nur aufgrund der exponierten Lage sehenswert. Durch die erhaltene Friedhofsmauer und den mächtigen Verteidigungsturm auf dem Kirchengrundstück wirkt sie wie ein Stück lebendiges Mittelalter. Der Innenraum gilt als einer der schönsten seiner Art auf Gotland, das wahrlich nicht arm an kulturgeschichtlich bedeutenden Kirchen ist. Der Innenraum wurde um 1300 von einem deutschen Meister gestaltet. Sehenswert auch das Chorgestühl aus dem 17. Jh. Der Turm stammt wiederum von Meister Egypticus.
Gothem, Str. 146

Trullhalsar ■ D 5/D 6
Das Gräberfeld Trullhalsar ist eine der Überraschungen, die die Insel zu bieten hat. Man folgt einem nicht enden wollenden Schotterweg, der immer schmaler durch den Wald führt. Wo es nicht mehr weitergeht, führt von einem winzigen Parkplatz ein Fußweg auf eine Lichtung im Wald. Rund 350 Gräber aus der Völkerwanderungszeit (400–700 n. Chr.) liegen hier. Es überwiegen Steinrosetten mit mehreren Metern Durchmesser, doch auch einige Schiffssetzungen sind zu sehen. Der Radweg Gotlandsleden führt hier vorbei.
Str. 146 Nähe Norrlanda nach Osten abbiegen, ausgeschildert

Katthammarsvik ■ E6

Von etwa 1650 bis 1921 wurde in Katthammarsvik wie an so vielen Orten Gotlands Kalk gebrochen und gebrannt. Der natürliche Hafen vereinfachte den Abtransport. Aus dieser Zeit stammen zwei große Kalkpatronsgården, die Höfe des jeweiligen Herren über die Steinbrüche. Touristisch hat sich Katthammarsvik langsamer entwickelt als andere Orte im Osten der Insel, so daß es hier noch ganz abgeschiedene Winkel gibt.

Unterkunft

Kalkpatronsgården Borgvik
Der Hof des Kalkpatrons aus dem 18. Jh. wird als Pension und Restaurant genutzt. Vieles der historischen Anlage ist erhalten, so der kleine Glockenturm. Eigener Badestrand. Neben ein paar einfachen Zimmern werden auch Hütten vermietet. Wem das Ambiente wichtiger ist als Komfort, der ist hier richtig.
Katthammarsvik am Hafen
Tel. 04 98/5 20 87
Untere Preisklasse

Sehenswertes

Grogarnsberget
Mit dem Aussichtsberg Grogarnsberget geht es einem ähnlich wie mit dem Grabfeld Trullhalsar: Ein unwegsamer Pfad will nicht enden – und plötzlich der Ausblick weit über die Ostsee auf die kleine, vorgelagerte Insel Östergarnsholm. Vom Parkplatz oben auf dem Berg kann man einen Spaziergang zu einer frühgeschichtlichen Burganlage machen, von der nur Wallreste erhalten sind. Wer den steilen Weg hinab zum Wasser geht, findet einen nahezu unberührten Strand vor.
In Katthammarsvik ausgeschildert

Essen und Trinken

Katthammarsvik Rökeri
Die Fischräucherei stellt im Sommer Tische und Stühle vor die Tür mit Blick auf Fischkutter, Parkplatz und den Kalkpatronsgården. Das Essen ist einfach, aber lecker. Geöffnet wird, wenn das Wetter gut ist und vielleicht Gäste kommen könnten – oder auch nicht. Der große Kalkpatrongården liegt gegenüber, zum kleinen Strand, an dem recht viel Tang liegt, sind es nur ein paar Meter.
Katthammarsvik, am Hafen
Tel. 04 98/5 23 75
Untere Preisklasse

Wallins Café
Wer das einzige Café am Ort sieht, weiß, warum so wenig Touristen kommen. Die Plattenbauweise ist kaum einladend, aber es ist halt das einzige Café hier. Der Kuchen ist in Ordnung, Zeitungen gibt es auch.
An der Dorfstraße
Tel. 04 98/5 20 44
Untere Preisklasse

Einkaufen

Enge Fårgård
Der Schafhof von Ylva Eriksson verkauft Wolle versponnen und roh, Lammfelle und Lammfleisch direkt vom Bauernhof.
Von der Kirche in Gammelgarn Richtung Katthammarsvik
Tel. 04 98/5 80 79

Kräklingbo Krukmakeri
In Kräklingbo befindet sich ebenfalls eine Töpferei, die einen klassischen, schlichten Stil pflegt. Die Geschirrserien sind aber nicht so glatt, daß sie mit Industrieware verwechselt werden könnten. Jedes Teil behält seine individuelle Note. Helle Naturtöne überwiegen bei der Farbgebung. Wie in Alskog befindet sich die Töpferei in einer ehemaligen Meierei.
Kräklingbo Richtung Katthammarsvik
Tel. 04 98/5 32 40
Sommer Mo–Fr 10–18 Uhr,
Sa–So 12–16 Uhr, wenn geschlossen, am Wohnhaus klopfen

Markttag auf dem Kalkpatronsgården Borgvik

Ljugarn, unverkennbar Hafenstadt

Ljugarn ■ D7

Ljugarn entstand als Hafenort und verfügte über mehrere Kalköfen am Hafen. 1828 erhielt Ljugarn das Recht auf Handel, das bislang Visby vorbehalten war. Durch Besuche von Prominenten, darunter Mitglieder des Königshauses, wurde in der zweiten Hälfte des 19. Jh. der Ruf als Strandbad begründet. Zur Jahrhundertwende war Ljugarn bereits einer der am meisten besuchten Badeorte Schwedens. Der große Glanz vergangener Zeiten ist heute zwar fort, doch manch eine Strandvilla erinnert noch daran. Da die Atmosphäre in Ljugarn auch heute lauschig ist und die Strände zum Bad einladen, kommen die Touristen gern dorthin. Vor allem bei deutschen Urlaubern ist das ruhige Ljugarn beliebt, während die Schweden eher den Trubel in Kneippbyn oder Tofta an der Westküste suchen.

Hotels und andere Unterkünfte

Badpensjonatet
Die Pension aus den zwanziger Jahren ist eines der frühen Zeugnisse des Tourismus auf Gotland. In der Gartenwirtschaft kann man gut zu Mittag oder zu Abend essen. Der Strand ist gut zu Fuß zu erreichen.
Bollängsvägen 8
Tel. 04 98/49 32 05, Fax 49 33 08
22 Zimmer
Mittlere Preisklasse (AE, DC, EC, Visa)

Pensionat Lövängen
Unter neuer Leitung wurde das Pensionat Lövängen renoviert. Der alte Baumbestand rundherum macht den Garten zu einer Oase, obwohl die Pension mitten im Ort liegt.
Storvägen 62–64
Tel. 04 98/49 30 11 Fax 49 30 30
22 Zimmer
Mittlere Preisklasse (AE, DC, EC, Visa)

STF Vandrarhem Strandridaregården
Die örtliche Jugendherberge von Ljugarn liegt am Hof des Strandvogtes mit Blick zum Meer hinaus.
Storvägen 1
Tel. 04 98/49 31 84
31 Betten in 2- bis 6-Bett-Zimmern
Mai–Aug. geöffnet. Mai und Aug. nur nach Anmeldung
Untere Preisklasse

Sehenswertes

Folhammar Raukfält
Die Raukar vor Ljugarn liegen nördlich des Ortes etwas außerhalb. Die Raukar sind zwar nicht so imposant wie auf Fårö, doch regen sie von den Formen her die Phantasie an. Fußweg vom Parkplatz am nordlichen Ortsende

Museum

Strandridaregården
Der direkt am Wasser gelegene Hof des Strandvogtes ist ein kleines Dorfmuseum geworden, das sich mit Schmuggel, Seeräuberei und Schiffahrt, aber auch Flora und Fauna beschäftigt.
Storvägen 1
Ende Juni–15. Aug. tgl. 14.30–17 Uhr

Essen und Trinken

Bruna Dörren
Vom Strand aus sind es nur ein paar Schritte bis zu Bruna Dörren, wo man draußen wie drinnen sitzen kann. Die gotländischen Gerichte sind eher einfach, es dominiert die Pizza.
Strandvägen 5
Tel. 04 98/49 32 89
Mittlere Preisklasse (EC, Visa)
Juni–Aug. geöffnet

Espegårds Konditori
Im Bäckerladen gibt es ein paar Tische, im Sommer im Garten noch einmal fünf Tische. Der hausgemachte Kuchen ist lecker, den holt man sich zusammen mit dem Kaffee selbst an der Theke.
Storvägen 58
Tel. 04 98/49 30 40
Untere Preisklasse
Mai–Sept. geöffnet

Strandcaféet
Wie der Name schon sagt: direkt am Strand. Wenn der Strand voll ist (oder was man hier für voll hält), ist das Strandcafé der Ort zum Sehen und Gesehen werden.
Strandvägen
Tel. 04 98/49 33 78
Juni–Aug. geöffnet
Untere Preisklasse

Roma ■ C 6

Roma war und ist das Zentrum in der Mitte Gotlands. Ein großer Supermarkt und zwei Tankstellen sind heute von Bedeutung, der Königshof und das Kloster waren früher der Dreh- und Angelpunkt des öffentlichen Lebens. Als Dorf ist Roma heute wenig attraktiv, doch gibt es hier einiges zu sehen und zu kaufen. Roma erlebte seinen großen wirtschaftlichen Aufschwung nach dem Bau der Bahnlinie von Hemse nach Roma 1878. Die Zuckerfabrik, die 1894 entstand, konnte per Bahn einfach beliefert werden. Deshalb wurde das Bahnnetz mit Roma als Knotenpunkt weiter ausgebaut. Von Roma entstanden Bahnlinien nach Slite, Burgsvik, Klintehamn und Visby. Alle Wege führten nach Roma, dem Nabel Gotlands. Um nicht mit Rom in Italien verwechselt zu werden, wurde Anfang des 20. Jh. die postalische Bezeichnung in Roma Kloster geändert. Im allgemeinen Sprachgebrauch ist aber bis heute von Roma die Rede. Da es die Bahnlinien nicht mehr gibt, ist die Verwechslungsgefahr wohl auch kleiner geworden.

Sehenswertes

Roma Kloster
Was für Visby die Kirchenruinen sind, ist für Roma das Zisterzienserkloster aus dem Jahre 1164. Es ist nur die Ruine der Klosterkirche erhalten. Nach der Reformation wurde das Kloster aufgegeben und fiel in Staatsbesitz. Der Landeshauptmann Johan Didrik Grönhagen ließ um 1730 die Anlage schleifen, weil er Steine für seine Residenz benötigte. Die Überreste wurden zum Viehstall umgebaut, »der prächtigste Viehstall Schwedens«, wie der Botaniker Carl von Linné bei seinem Besuch

Die Reste des 1164 errichteten Zisterzienserklosters von Roma

1741 notierte. Bis heute riecht es nach Vieh vom nahe gelegenen Bauernhof. Das schmälert nicht den kulturhistorischen Wert, aber den Genuß. Die Residenz Grönhagens ist als Kungagården, als Königlicher Hof, in unmittelbarer Nachbarschaft zu besichtigen. Manches Detail erinnert an die Herkunft des Baumaterials aus den Beständen des Klosters.
Roma, etwa 1 km südöstlich der Kirche

Essen und Trinken

Vivungs Rök & Malt
→ Der Besondere Tip, S. 26

Einkaufen

Måna Engström
Die Kunsthandwerkerin bearbeitet Felle, Westen und Mützen aus Lammfell. Ihre Spezialität sind intensive Färbungen des Leders. Die kleine Werkstatt mit dem Laden liegt etwas außerhalb des Ortes.
Auf Schilder achten
Suderbys Anga. An Str. 143 Roma – Ljugarn

Stånga ■ C8

Stånga ist bekannt für seinen 18-Loch-Golfplatz und die gotländische Olympiade (Stångaspelen). Und so ziert jeden Prospekt entweder ein Mann mit einem Baumstamm im Arm, den er gleich werfen wird, oder ein Golfspieler.

Unterkunft

Gumbalde Gårdshotel
Der Hof gehört zum Golfplatz und bietet den kompletten Service: Restaurant, Übernachtung, Golfshop und für Kinder und Amateure Minigolf. Günstige Preise für Golfspieler, vor allem, wenn sie noch nicht Mitglied in einem international anerkannten Golfclub sind.
Stånga, hinter der Kirche
Tel. 04 98/48 28 80, Fax 48 28 84
Mittlere Preisklasse (AE, DC, EC, Visa)

Sehenswertes

Stavgård
Unter einem Schullandheim stellt man sich normalerweise so etwas wie eine Jugendherberge vor. Stavgård hingegen ist eine frühzeitliche Siedlung, in der Kinder und Jugendliche wie in der Bronzezeit leben. Geschlafen wird auf Stroh, Essen über dem Feuer bereitet. Die Gebäude sind in der Nähe eines Fundplatzes entstanden, wo Schüler 1975 einen Silberschatz mit arabischen Münzen aus der Wikingerzeit entdeckten.
Von Burs Richtung Südosten, ab Ammunde den Schildern »Lägerskolan« und »Stavgard« folgen

Einkaufen

Flors i Burs
Glashütte und Töpferei in einem, doch leider etwas schwer zu finden. Die kunstvollen Arbeiten hätten es verdient, daß man leichter zu ihnen kommt.
Von Str. 144 zwischen Stånga und Hemse nach Burs abbiegen
Tel. 04 98/48 31 08 oder 48 30 90
1. Juni–15. Aug. Mo–Fr 10–18 Uhr, Sa–So 10–16 Uhr

Service

Turistbyrå Ljugarn
Storvägen 107
Tel. 04 98/49 34 60, Fax 49 30 64
Juni–Aug. 9–18 Uhr geöffnet

Im Süden endet Gotland steinig und karg an dem Felsen von Hoburg. Zuvor geht es durch Felder und eine heideartige Landschaft vorbei zu schönen Stränden.

Der Süden Gotlands hat eine urtümliche Ausstrahlung, wie sie in den anderen Teilen der Insel nicht zu finden ist. Das mag am Traditionalismus der Menschen liegen, an der abgeschiedenen Lage oder an den eher kargen Lebensbedingungen. Bauernhöfe wurden selbst in der Mitte des 19. Jahrhunderts noch nach Prinzipien angelegt, die schon bei den Höfen des Mittelalters üblich waren. Man hat den Eindruck, als würden die Uhren südlich von Hemse langsamer gehen als in Visby, bis auf den heutigen Tag. Vergleicht man den Süden mit dem Norden, so fällt das Fehlen der Kleinindustrie auf. Hemse, Burgsvik und Ronehamn sind ländlich geprägt.

Wenn man von einem Wirtschaftszentrum sprechen kann, kann allein Hemse genannt werden. Banken, Supermärkte, Autowerkstatt, all das gibt es in Hemse. Schließlich müssen die Bauern auch irgendwo ihren Traktor kaufen und reparieren lassen. Ronehamn hat nur als Hafen eine gewisse Bedeutung, während Burgsvik im Sommer das bescheidene touristische Zentrum des Südens ist. Kulturelle Veranstaltungen finden meist in historischem Rahmen wie auf den Museumshöfen Petes gård, Kattlunds oder Bottarvegården statt. Die sehenswerten Höfe sind von einer spröden Schönheit, wie man sie nur auf Gotland findet.

Gotlands Lantbrukmuseum zeigt die Geschichte der Landwirtschaft

Burgsvik ■ B 10

Burgsvik liegt an dem Nadelöhr, durch das man muß, um auf die Südspitze Gotlands zu kommen. Sudret, der Süden, ist eine Halbinsel mit heideartiger Landschaft. Mit Vamlingbo, Sundre und Hamra gibt es drei Kirchspiele südlich von Burgsvik auf der Halbinsel. Die traditionelle Einteilung wurde beibehalten, obwohl von der Einwohnerzahl her sicher ein Kirchspiel ausreichend wäre. Burgsvik hat sich aufgrund seiner Lage zum Zentrum der Halbinsel Sudret entwickelt. Das darf man nicht zu wörtlich nehmen, wenn man auf der Suche nach bestimmten Dienstleistungen ist. Den südlichsten Geldautomaten und das nächste Systembolaget gibt es erst in Hemse. An Geschäften des täglichen Bedarfs und Restaurants mangelt es hingegen nicht, obwohl vieles auf die schwedische Hauptsaison abgestimmt ist.

Hotels und andere Unterkünfte

Björklunda Värdshus
Die kleine Pension liegt an der Hauptstraße nach Burgsvik, die aber nicht sehr stark befahren wird. Man kann wählen zwischen Doppelzimmern auf Pensionsniveau und den Jugendherbergszimmern mit Dusche und WC auf dem Flur. Strand in Fußgehentfernung. Im Gartenrestaurant läßt sich gut essen oder nur mal Kaffee trinken.
Björklunda, 2 km nördlich von Burgsvik, Str. 142
Tel. 04 98/49 71 90, Fax 49 78 50
27 Zimmer
Untere Preisklasse (AE, DC, EC, Visa)
Restaurant 18–21 Uhr

Botvide Gård
Die schmucke Villa aus der Mitte des 19. Jh. ist bereits seit 1928 eine Pension. Die Zimmer haben bei der Renovierung ihre alten Holzfußböden behalten.
Hoburgsvägen 3, Burgsvik
Tel. 04 98/49 76 66, Fax 49 70 70
Mittlere Preisklasse (AE, DC, EC, Visa)

Pensionat Holmhällar
Nur 200 m vom Strand liegt diese ungewöhnliche Pension. Die Unterkünfte liegen in Hütten mit unterschiedlichem Standard. In einigen Hütten werden auch Einzelzimmer vermietet. Mindeststandard ist fließend-warmes Wasser, einige Zimmer sind aber deutlich besser ausgestattet. Die Hütten werden ganzjährig vermietet, der Pensionsservice mit Reinigung und Halbpension wird nur in der Sommersaison angeboten.
Holmhällar, südöstlich von Vamlingbo
Tel. 04 98/49 80 30 Fax 49 80 56
100 Betten in Zimmern und Hütten
Untere Preisklasse (AE, DC, EC, Visa)
Pensionsbetrieb 1. Mai–15. Sept.

Sehenswertes

Galleri Suder
Weit mehr als nur eine Galerie, in der Bilder gezeigt werden, finden Gäste in Suders Hamra vor. Esoterisch angehaucht und ökologisch durchdacht, ist die Galerie einem Gesundheitszentrum mit Massage, Kräuterbädern, Sauna und Solarium angeschlossen. Ganzheitliche Wellness steht unter dem Motto »Natur und Kultur für Körper und Seele« ganzjährig auf dem Programm.
Suders Hamra
Tel. 04 98/49 90 90, Fax 49 90 34

Hoburgsgubben
Der »alte Mann von Hoburg« ist Gotlands südlichster Rauk. Er sieht einem alten Mann im Profil ähnlich, daher der Name. Beliebt als Ausflugsziel an der Südspitze. Direkt nebenan liegt das Ausflugslokal Majstregården, etwas weiter entfernt der Leuchtturm, der die Spitze markiert. Zur äußersten Spitze der Insel führt ein Wanderweg.
Hoburgen

Holmhällar Raukar
Am Ufer der kleinen Landzunge Holmhäller befindet sich ein Feld mit Raukar, das durch seinen dichten Bestand und die gleichmäßige Form der Raukar gekennzeichnet ist. In unmittelbarer Nachbarschaft liegen die wohl schönsten Sandstrände des Südens.
Parkplatz bei Holmhällar Pensionat

Küstenstraße Kettelvik
Wer so weit in den Süden der Insel fährt, sollte diese kleine Straße nicht verpassen. Hinter Vamlingbo geht es rechts ab nach Kettelvik, das gelegentlich auch Kättelvik geschrieben wird (Schild »Vacker Kustväg« – »Schöner Küstenweg«). Die Straße führt am Ufer entlang mit Blick auf das Meer einerseits und die Steilküste auf der anderen Seite. Eine der schönsten Straßen im Süden Gotlands.

Sundre kyrka
Die südlichste Kirche Gotlands stammt vom Beginn des 13. Jh. Sie wurde neben einem befestigten Schutzturm (Kastal) erbaut, der wohl rund hundert Jahre älter als die Kirche ist. Da Kirche und Turm auf einer leichten Erhebung stehen, hat man einen sehr guten Überblick über den Süden und das Meer.
Sundre

Museen

Bottarvegården
Der für den Süden so typische Hof Bottarve wurde 1917 aufgegeben und vom Heimatverein aufgekauft, um ein Museum daraus zu machen. Das Hauptgebäude stammt aus dem Jahr 1844, die reetgedeckten Wirtschaftgebäude entstanden noch später. Die Bauweise ist so stark in der Tradition Südgotlands verwachsen, daß Rückschlüsse auf viele weit ältere Gebäude gezogen werden können. Bottarvegården wird im Sommer auch für Veranstaltungen genutzt.
Vamlingbo
1. Mai–15. Sept. tgl. 10–17 Uhr
Erw. 15 SEK, Kinder bis 15 Jahre frei

Kettelviks Museet
An der kleinen Küstenstraße lagen früher zahlreiche Steinbrüche, die den einheimischen Bauern gehörten. Einer wurde erhalten und dient als Museum.
Kettelvik, Hoburg
1. Juni–31. Aug. tgl. 10–18 Uhr
Eintritt frei

Essen und Trinken

Folkeryds Konditori
Die längste Kuchentheke Gotlands will die Bäckerei in Burgsvik haben. Auf jeden Fall hat sie Kuchen, Brot, Kaffee, kleine warme Gerichte und Pizzen im Angebot. Und das fast rund um die Uhr.
Hamnvägen 1, Burgsvik
Tel. 04 98/49 70 88
Mo–Do 6–23 Uhr, Fr–Sa 6–24 Uhr, So 7–23 Uhr

Grå Gåsen
Die »graue Gans« bezeichnet sich als Weinkeller und liegt in einem separaten Gebäude im Park von Botvide Gård. Die Mahlzeiten werden

Bei Hoburg steht Gotlands südlichster Rauk

überwiegend aus Produkten der Region zusammengestellt.
Hoburgsvägen 3
Tel. 04 98/49 76 86, Fax 49 70 70
Im Sommer 11–1 Uhr
Mittlere Preisklasse (AE, DC, EC, Visa)

Hamra Krog, Hamra
Göran Ringbom ist Sänger, Töpfer und Wirt des Gasthofes in Hamra. Und so kann er behaupten, die einzige Töpferei mit vollem Schankrecht in Schweden zu besitzen. Gemütliche Atmosphäre.
Skogs Hamra, Nähe Kirche
Tel. 04 98/49 90 22
15. Juni–15. Aug. tgl. 12–1 Uhr
Mittlere Preisklasse (AE, DC, EC, Visa)

Majstregården, Hoburg
Dort, wo die Insel zu Ende ist und deshalb regelmäßig im Sommer Touristen hinkommen, darf man nicht verdursten oder verhungern. Den schönen Blick auf das Meer bezahlt man beim Essen mit.
Hoburg, am Ende der Straße
Tel. 04 98/49 74 42
1. Mai–21. Juni, 12.–31. Aug. tgl. 12–16 Uhr
22. Juni–11. Aug. tgl. 12–20 Uhr
Mittlere Preisklasse (AE, DC, EC, Visa)

Le bleu fish
Einen Stich ins Blaue haben die Betreiber von Vamlingbolaget schon. Sie wollen ein Gourmet-Restaurant etablieren. 1995 wurden sie von einem Gourmet-Guide schon unter den besten 199 Restaurants Schwedens geführt, 1996 sind sie wieder aus der Wertung herausgefallen. In solch abgeschiedener Lage hat man es auch nicht leicht.
Vamlingbo
Tel. 04 98/49 80 80
15. Juni–15. Aug. Mi–So 19–1 Uhr
Obere Preisklasse (AE, DC, EC, Visa)

Das Wärdshuset Guldkaggen ist in einem alten Lagerhaus eingerichtet

Wärdshuset Guldkaggen
In einem alten Lagerhaus am ziemlich leeren Hafen von Burgsvik entstand ein Gasthof mit überdurchschnittlich viel Atmosphäre. An drei Seiten von Wasser umgeben mit Blick auf den Sonnenuntergang im Meer, dazu ein gutes Essen zu moderaten Preisen – was will man mehr? Im oberen Stockwerk werden ganzjährig sieben Zimmer vermietet.

TOPTEN 6

Burgsvik am Hafen
Tel. 04 98/49 73 09
1. Mai–30. Aug. tgl. 11–23 Uhr
Mittlere Preisklasse (AE, DC, EC, Visa)

Einkaufen

Bocksarve
In dem Laden ist eine Reihe von Kunsthandwerkern mit ihren Produkten vertreten. Die beiden Inhaber selbst beschäftigen sich einerseits mit Kalligraphie und Aquarellmalerei und andererseits mit der Herstellung mittelalterlicher Rüstungen.
Str. 142 am Ortseingang Burgsvik

Suder Lamm
Suder Lamm ist ein Zusammenschluß von etwa zehn Frauen, die die Handwerkstraditionen am Leben erhalten wollen.
Str. 142 bei Björklunda Värdshus
15. Juni–18. Aug. tgl. 12–18 Uhr

VamlingboLaget
Seit über zehn Jahren arbeitet die Designerin Kristina Torsson auf Gotland und entwirft Kleider, die nicht nur in Vamlingbo verkauft werden. Weiche Formen und starke Farben sind ihr Kennzeichen. Direkt nebenan befindet sich die Galerie Ängvards Salong.
Vamlingbo, alte Meierei im Zentrum
15. Juni–15. Aug.
Mo–Fr 12–18 Uhr, Sa 11–15 Uhr

Grötlingbo ■ C 9

Grötlingbo liegt südöstlich von Havdhem und ist ein für den Süden typisches Straßendorf. Beim Kirchenbau gingen dem Kirchspiel die Mittel aus. Als Mitte des 14. Jh. das Hauptschiff erneuert und vergrößert wurde, blieb kein Geld für den Turm übrig. So blieb der geduckte Turm aus dem 13. Jh. erhalten. Der Museumshof Kattlunds wird regelmäßig für Veranstaltungen genutzt, darunter Ritterspiele im Vorfeld der Mittelalterwoche.

Sehenswertes

Tomtbod fiskeläge
Rund 30 Fischerhütten sind in Tomtbod nördlich von Ronehamn erhalten. Nicht nur Bauern aus dem dazugehörigen Kirchspiel hatten hier ihre Fischerhütten, sondern auch Leute aus den Nachbargemeinden. Die Berufsfischer haben Tomtbod verlassen, die Touristen es noch nicht entdeckt. Tomtbod ist kein Museum, doch gibt es einen guten Eindruck von der Fischerei vergangener Jahrhunderte.
Str. Havdhem-Eke-När, Nähe Vanges nach Südosten abbiegen

Uggarde rojr
Zwischen Grötlingbo und Ronehamn liegt ein bronzezeitliches Grab, das seinesgleichen sucht. 45 m im Durchmesser mißt die 8 m hohe Steinrosette. Weitere sieben Steinrosette sind im Umkreis zu finden, die allerdings kleiner sind. Nicht ganz einfach zu finden.
Von der Straße nach Ronehamn nach Süden zu den Uggårda-Höfen abbiegen. Vom Parkplatz bei den Höfen Fußweg

Museum

Kattlunds gård
Seit der Hansezeit soll sich auf Kattlunds ein Handels- und Bauernhof befunden haben. Durch die Nähe zum Wasser einerseits und das recht ertragreiche Land andererseits war die Lage ideal. Viel von der mittelalterlichen Atmosphäre ist erhalten, obwohl die Gebäude aus dem 18. und 19. Jh. stammen. Teile des Grundrisses und einzelne Mauern stammen noch aus dem Mittelalter. Auf dem Hof finden zahlreiche Veranstaltungen im Sommer statt.
Grötlingbo
1. Juni–31. Aug. tgl. 12–18 Uhr
Erw. 20 SEK, Kinder bis 16 Jahre frei

Service

Auskunft
Sudret Turistbyrå
Storgatan 65, Hemse
Tel. 04 98/47 10 90
1. Juni–31. Aug. Mo–Fr 9–17,
Sa–So 9–16

Hablingbo ■ B 9

Hablingbo ist eine typische Streusiedlung im südlichen Teil der Westküste. Die bedeutende Kirche zeugt davon, daß Hablingbo einst ein sehr wichtiger Ort war. Eine Ahnung vom Wohlstand vergangener Zeiten gibt der Museumshof Petes Gård, einer der schönsten Höfe Gotlands (→ Der Besondere Tip, siehe unten).

Sehenswertes

Windkraft Näs
Auf der Halbinsel Näs, was soviel wie Nase bedeutet, stehen zahlreiche Windkraftwerke in Reih und Glied nebeneinander. Seit sie dort stehen, nennt sich der Landstrich Windkraftküste.

Museum

Gotlands Lantbruksmuseum
Das kulturhistorische Museum will die Bedeutung der Landwirtschaft für Gotland vom Mittelalter bis zur

Der Besondere Tip

Petes Gård ist einer der wohl schönsten Höfe der Insel, auch wegen der Lage mit Blick auf das Meer. Die zweigeschossigen Gebäude umschließen an drei Seiten einen lauschigen Garten, der durch ein Mäuerchen an der vierten Seite wie ein Innenhof wirkt. Die Gebäude aus dem 18. und 19. Jahrhundert sind zeittypisch eingerichtet. Hier kann man Wandmalereien sehen, die früher die Tapeten ersetzten. Im parkähnlichen Garten kann man Kaffee und Kleingebäck bekommen. Beliebt für Veranstaltungen. Hablingbo, von Str. 140 nach Westen abbiegen 1. Juni–31. Aug. tgl. 12–18 Uhr Erw. 20 SEK, Kinder bis 16 Jahre frei ■ B 9

Gegenwart dokumentieren. Am ersten Juliwochenende finden sogenannte Handwerkstage statt, an denen Handwerker von ganz Gotland ihr Können zeigen.
Havdhem, von Str. 142 100 m Richtung Kirche
1. Juni–15. Aug. tgl. 12–17 Uhr
Erw. 20 SEK

Essen und Trinken

Restaurang Hyttan
Mehr Cafeteria als Restaurant, aber nett, sauber und freundlich. Kleiner Kinderspielplatz und Terrasse.
Hablingbo, Str. 140 neben der Glashütte Rauk
Tel. 04 98/48 71 61
1. Juni–31. Aug. tgl. 10–21 Uhr
Untere Preisklasse (AE, DC, EC, Visa)

Einkaufen

Glashyttan Rauk, Hablingbo
In einer stillgelegten Meierei befindet sich die Glashütte mit einem kleinen Verkaufsraum. Farbiges Glas in konventionellem Design.
Hablingbo, Str. 140
Im Sommer tgl. 10–17 Uhr

Hollingworth Magasin
Das Speichergebäude aus Holz würde man an einem Hafen vermuten. Alleinstehend mitten in der Landschaft wirkt es sehr mächtig. Kunstgewerbe, Handwerk und Möbel finden sich im Hollingworth Magasin. Den Schwerpunkt bilden Geschirr und Gerätschaften für die Küche.
Hablingbo, von Str. 140 nach Osten abbiegen
15. Juni–15. Aug. tgl. 12–17 Uhr

Kälder Gård & Skinnbod
Der Hof ist das südliche Gegenstück zu Skymnings in Fleringe im Norden: Felljacken, Westen und Hausschuhe aus eigener Produktion in gehobener Qualität. Zeitloses Design.
Zwischen Havdhem und Str. 140
Tel. 04 98/48 12 49
Juni–Aug. tgl. 10–18 Uhr, sonst nach Vereinbarung

Tomtbod (bei Grötlingbo) ist ein verlassenes Fischerdorf

Nach der reichen Hansezeit fiel Visby in einen Dornröschenschlaf. Erst in der Romantik wurde die Stadt vorsichtig wachgeküßt.

Visby

■ B 5

Schon weit von See her, vom Deck des Fährschiffes, kann man Visby erkennen. Die Stadt erhebt sich in drei Stufen aus dem Meer. Hell leuchten die Stadtmauer, die Kirchtürme und manch ein Giebel mit ihrem fast weißen Stein. Da Gotland ein Kalksteinplateau ist, das etwa 30 bis 40 Meter aus der Ostsee ragt, liegt die landseitige Mauer deutlich oberhalb der Seemauer. Dort, wo sie einst den Hafen der Stadt schützte, grenzt sie heute nur an einen Teich im Park Almedalen. Der Hafen der Hansezeit wurde zugeschüttet, ein neuer, moderner Fährhafen entstand 500 Meter weiter südlich, so daß der Blick auf das historische Stadtzentrum vom Wasser aus fast frei ist. Visby liegt wie an einem Hang zwischen dem Hafen auf Meeresniveau und dem Plateau der Insel. Steil führen die schmalen Straßen und Gassen den Hang hinauf.

Erhalten durch Steine und Dänen

Rund dreieinhalb Kilometer der Stadtmauer sind erhalten, und alles, was im Altstadtkern liegt, entspricht von der Anlage her der mittelalterlichen Hansestadt. Schön zeichnen sich vom Wasser aus die Treppengiebel der Hansehäuser und die Türme der Stadtmauer ab. Die Optik beim Einlaufen des Fährschiffes verspricht nicht zu viel. Viele Namen der Gassen und Straßen erinnern noch an die Hansezeit. Gränd ist der schwedische Ausdruck für das, was in den norddeutschen Hansestädten Grube heißt: eine Gasse, die zum Wasser hinführt. In Visby gibt es noch Rigagränd, Rostocksgränd, Danzigergränd und Travegränd, um nur einige aufzuzählen. Die Namen sind so alt wie die Stadt. Das weitgehend geschlossene mittelalterliche Stadtbild verdankt Visby zum einen dem wirtschaftlichen Stillstand nach der Eroberung durch den Dänenkönig Valdemar Atterdag 1361, zum anderen dem Baumaterial Stein, das einfach haltbarer ist als das auf dem Festland verwendete Holz. Die Viertel, die rund um den Altstadtkern entstanden sind, stammen aus dem 19. und 20. Jahrhundert. Visby ist heute Verwaltungssitz der Provinzregierung, denn Gotland ist ein eigenes län, wie die Provinzen in Schweden heißen. Die alten Landschaftsbegriffe wie

Die Stadtmauer ist 3,5 Kilometer lang

Småland oder Skåne, die im Bewußtsein der Schweden noch immer sehr stark verankert sind, sind nur in ganz wenigen Fällen mit der politischen Einteilung in läns deckungsgleich. Einer dieser Fälle ist Gotland.

Belebung dank der Hochschule

Die historisch gewachsenen Strukturen auf der Insel sind von Korrekturen durch Verwaltungsreformen verschont geblieben. Und so präsentiert sich Visby in der alten und neuen Führungsrolle als Hauptstadt Gotlands. Viele Arbeitsplätze werden durch die öffentliche Hand geschaffen, ob in der Verwaltung, im Krankenhaus oder den Schulen. Wichtig für die Stadt ist auch die kleine, aber schnell wachsende Hochschule, die in einer ausgedienten Malzfabrik am Hafen entstand. Tausend Studenten sind es zur Zeit, bis zum Jahr 2000 soll sich die Zahl verdoppeln. Zu den angebotenen Studiengängen zählen Wirtschaft, Kultur und Archäologie sowie Elektrotechnik und Maschinenbau. Besonders wichtig ist den Machern der Hochschule, an die Tradition des Ostseehandels anzuknüpfen. Man ist sich der zentralen Lage in der Ostsee zwischen Ost, Nord und West sehr bewußt. Dies schlägt sich nicht nur in den kulturwissenschaftlichen Studiengängen nieder, sondern auch bei der Wirtschaftswissenschaft. So gibt es einen eigenen Studiengang »Wirtschaft mit Ausrichtung auf Geschäftsbeziehungen im Ostseeraum«. Und bei den Maschinenbauern kümmert man sich in einem Aufbaustudiengang um das Thema »Produktentwicklung für Maschinenbauingenieure«. Der in der Stadt sichtbare Vorteil der Hochschule ist, daß junge Leute das ganze Jahr über in Visby leben. Das lohnt sich für die Eckkneipen und hilft, den Trend der Abwanderung auf das Festland zu stoppen.

DER BESONDERE TIP

Visby schaut nach Westen über die Ostsee. Bei klarem Himmel bieten sich immer wieder **spektakuläre Sonnenuntergänge**. Was auf dem Foto vielleicht kitschig aussieht, ist als Erlebnis trotzdem immer wieder schön. Eine wunderbare Kulisse bietet sich bei einem Abendspaziergang außerhalb der nördlichen Mauer hinab zum Wasser. Einen guten Blick hat man auch vom Plateau oberhalb des Domes Sta. Maria, wenn sich die Stadt zuletzt wie ein Scherenschnitt gegen den Abendhimmel abzeichnet.

Hotels und andere Unterkünfte

Almedalen Lägenhetshotell Wisby
Neun Ferienwohnungen befinden sich in dem Hotel, das im Park Almedalen zwischen Stadtmauer und Meer liegt. Man wohnt also nicht in der Stadt, sondern außerhalb der Stadtmauer. Hier lagen einst die Koggen der hanseatischen Kaufleute. Bis zur heutigen Strandpromenade sind es keine 50 m, der Biergarten liegt vor dem Haus.
Strandvägen 8
Tel. 04 98/27 18 66
9 Apartments
Mittlere Preisklasse (EC, Visa)

Hotel Villa Borgen
Die Zimmer liegen überwiegend zu einem kleinen begrünten Hinterhof. Das schafft eine persönliche, nette Atmosphäre. Einige Zimmer liegen im Souterrain und haben nur kleine Fenster. Im winzigen Frühstücksraum muß man mit den frischen Brötchen an Bistrotischen jonglieren. So lernt man die anderen Gäste kennen. Die Adelsgatan, von der man nichts hört, ist als Fußgängerzone die Einkaufsstraße Visbys.
Adelsgatan 11
Tel. 04 98/27 99 00, Fax 24 93 00
18 Zimmer
Mittlere Preisklasse (EC, Visa, DC, Amex)

Hotell Gute
Von dem kleinen Mittelklassehotel ist es nicht weit zum Stora Torget mit seinen Kneipen und Restaurants.
Mellangatan 29
Tel. 04 98/24 80 80, Fax 24 80 89
28 Zimmer
Mittlere Preisklasse (EC, Visa)

Hotell St. Clemens
Das Gebäude, in dem sich der Frühstückssaal des Hotels befindet, stammt aus dem 19. Jh. Die Zimmer sind modern und wurden geschickt in die alten Gemäuer integriert. Einige Zimmer verfügen über Kochnischen. Sehr ruhige Lage in der Altstadt.
Smedjegatan 3
Tel. 04 98/21 90 00, Fax 27 94 43
32 Zimmer
Mittlere Preisklasse (EC, Visa)

Snäckhagens Stugor
Die kleine Ferienhausanlage liegt 3 km nördlich von Visby nahe der Straße 149. Auf dem kinderfreundlichen Gelände befindet sich ein kleines Schwimmbad sowie ein separates Kinderbecken.
Lummelundsväg
Tel. 04 98/21 36 39, Fax 21 55 05
18 Hütten und Apartments
Mittlere Preisklasse

Strand Hotel
Geschützt durch die Seemauer und den Wachturm Kruttornet liegt das Strand Hotel in einem ruhigen Teil der Altstadt.
Strandgatan 34
Tel. 04 98/21 26 00, Fax 27 81 11
110 Zimmer
Mittlere Preisklasse (EC, Visa, DC, Amex)

Wisby Hotell
Das führende Haus am Platz liegt im Zentrum der Altstadt und doch verhältnismäßig ruhig. Alte Mauerteile wurden geschickt mit moderner Architektur kombiniert. Mit Kaptenshuset und Friheten verfügt das Hotel über zwei gute Restaurants.
Strandgatan 6
Tel. 04 98/20 40 00, Fax 21 13 20
134 Zimmer
Obere Preisklasse (EC, Visa, DC, Amex)

Spaziergang

Mit nur einem Spaziergang wird man Visby nicht gerecht. Wer außerhalb wohnt und sich erst einmal orientieren möchte, sollte das Auto auf einem der großen Parkplätze vor dem Tor **Österport** abstellen. Von dort geht man außen um die imposante **Stadtmauer** herum bis zu dem Durchlaß für Fußgänger im Turm **Dalmanstornet**. Wenige Meter hinter dem Tor landet man auf dem Kyrkberget, wo das Kalksteinplateau besonders gut sichtbar ist. Von oben hat man einen schönen Blick auf die **Domkirche Sta. Maria**. Neben der Kirche führt eine Treppe hinab. Wenn man sich unten halblinks hält, landet man auf **Stora Torget**, dem großen Platz an der Ruine von Sta. Katarina. Am unteren Ende des Platzes führen die mittelalterlichen Gassen Stora Torggränd und Lübska Gränd zur Strandgatan, die direkt bei der alten Apotheke, **Gamla Apoteket**, erreicht wird. Hält man sich nach rechts, erreicht man die Seemauer bei dem Turm **Kruttornet**. Wer abkürzen will, geht nach links zum Donners Plats. Bei Kruttornet durchquert man die Stadtmauer zum Park **Almedalen**. Hier lag einst der Hafen Visbys. Außerhalb der Stadtmauer geht es entlang bis zu dem kleinen Tor, das zum **Donners Plats** führt. Hier befindet sich die Touristinformation.

Über die teilweise steile Hästgatan geht es hinauf zum Tor **Österport**. Unterwegs bietet sich wenige Meter nach rechts vom Wallérs Plats aus eine schöne Aussicht über Visby.

Wer Lust auf weitere Streifzüge durch Visby verspürt, dem sei das Viertel zwischen Norderport und Botaniska Trädgården ebenso empfohlen wie die pittoresken, ruhigen Gassen im Dreieck Kruttornet, St. Klemens und Sta. Katarina. Schön sind die Gasse Fiskagränd, der Weg entlang der Strandpromenade auf beiden Seiten der Stadtmauer und die Stadttore St. Göransporten und Kärleksporten, die Liebespforte.

Visbys Innenstadt gehört zum schützenswerten Weltkulturerbe

Sehenswertes

Botaniska Trädgården
Der Botanische Garten ist ein öffentlicher Park, der hinter der Seemauer zwischen Jungfrutornet, dem Jungfrauenturm, und der Kirchenruine St. Olof in der Altstadt liegt. Besondere Rosenarten und einheimische Gewächse sind in dem 1856 angelegten Park zu sehen.
Tgl. bis Einbruch der Dunkelheit geöffnet

Burmeisterska Huset
Um 1650 herum ließ der deutsche Kaufmann Hans Burmeister das Haus errichten, das heute seinen Namen trägt. Es ist das älteste erhaltene Holzgebäude in Visby.
Strandgatan/Donners Plats

Domkyrkan Sta. Maria
Die Domkirche ist die einzige von einst 16 Kirchen Visbys, die heute noch für kirchliche Zwecke genutzt wird. 1225 geweiht, war Sta. Maria die Kirche der deutschen Gotlandfahrer. Vermutlich wurde sie deshalb 1525 bei einem Überfall der Lübecker auf das seinerzeit dänische Visby verschont. Die markanten Türme dienten lange auch als Seezeichen.
Kyrkogatan

Gamla Apoteket
Das markante Kaufmannshaus stammt aus der Hansezeit, vermutlich aus dem 13. Jh. Seinen Namen erhielt es, weil hier lange Zeit die städtische Apotheke residierte. Heute befindet sich in dem kombinierten Wohn- und Speicherhaus eine Silberschmiede.
Strandgatan

Kapitelhusgården
Das Kapitelhus wurde im 13. Jh. erbaut, später aber erweitert und umgebaut. Es gehört bis heute der Kirchengemeinde von Visby. Der Innenhof wird seit einigen Jahren nicht mehr nur noch während der Mittelalterwoche geöffnet, sondern dient in der Sommersaison der Prä-

Der Botanische Garten ist die grüne Lunge der Stadt

sentation von mittelalterlichem Handwerk. Unter wissenschaftlicher Betreuung durch das Museum Gotlands Fornsal zeigen Korbflechter, Pfeifenschnitzer und Kräuterweiblein ihre Produkte. In der Schankstube werden deftiges Brot und mittelalterliche Getränke serviert. Der Innenhof ist zudem eine kleine, grüne Oase in der Stadt.
St. Drottensgatan 8
1. Juli–11. Aug.
tgl. 12–21 Uhr

Kruttornet
Der Pulverturm ist vielleicht das älteste erhaltene Steingebäude Schwedens, auf jeden Fall das älteste Gotlands. Um 1150 wurde der massive Turm gebaut, von dessen Balkon aus jedes Jahr der Bürgermeister Visbys die Mittelalterwoche eröffnet.
Mitte Juni–Mitte Aug.
tgl. 12–16 Uhr
Eintritt Erw. 15 SEK, Kinder bis 16 Jahre frei

Stadtmauer
Auf 3,5 km Länge ist die Stadtmauer erhalten. Vom frühen 13. bis zum 15. Jh. wurde sie erbaut, um Visby vor den gotländischen Bauern und äußeren Feinden zu schützen. 44 Türme, darunter einige sehenswerte Satteltürme, die sozusagen auf der Mauer reiten, sind erhalten. Besonders markant sind der östliche und nördliche Teil der Mauer, weil sie von außen unverbaut und dadurch die Wallanlagen gut zu erkennen sind. Die schönsten Türme befinden sich zwischen dem Tor Norderport und der Uferpromenade. Als Tore besonders sehenswert sind Österport, Dalmansporten, Norderport und St. Göransporten.

TOPTEN 5

St. Hans und St. Pers Kirchenruine
In mehreren Schichten an- und übereinander wurden die Kirchen St. Hans und St. Per im 12. und 13. Jh. gebaut. Während einige andere Ruinen nicht betreten werden können, befindet sich in den Ruinen der beiden Kirchen ein Café.

Sta. Katarina, Kirche und Kloster
Von der Lage am Stora Torget und von der Größe her eine der wichtigsten Kirchenruinen der Stadt. Zur Kirche gehörte ein Franziskanerkloster, das über den seitlichen Eingang besichtigt werden kann. Es stammt aus dem Jahr 1233. Im Kloster befindet sich eine Ausstellung zur Stadt- und Kirchengeschichte.
Stora Torget, Eingang Sta. Katarinagatan
Mitte Juni–Mitte Aug. tgl. 12–16 Uhr
Eintritt Erw. 15 SEK, Kinder bis 16 Jahre frei

St. Nikolai Kirchenruine
Die am besten erhaltene Ruine neben Sta. Katarina. Die Dominikanerkirche war das größte Gotteshaus Visbys. Die Decke des Hauptschiffs ist soweit erhalten, daß St. Nikolai für Konzerte während des Kammermusikfestivals genutzt wird. Außerhalb von Veranstaltungen ist kein Zutritt möglich.
St. Nikolaigatan

Museen

Alle zum Regionalmuseum Gotlands Fornsal zählenden Museen können mit nur einer Eintrittskarte (Museikortet) besucht werden, die eine Woche lang für beliebig viele Besuche gültig ist. Hierzu zählen: **Gotlands Fornsal, Gotlands Konstmuseum** und **Gotlands Naturmuseum** in Visby sowie **Petes Museigård** in Hablingbo und **Kattlunds Museigård** in Grötlingbo. Die Karte kostet 50 SEK.

Gotlands Fornsal

Visbys wichtigstes Museum dokumentiert die Kulturgeschichte von der Frühzeit über Wikingerzeit und Hansezeit bis zur Gegenwart. Schwerpunkte sind die Silber- und Goldschätze, der doppelstöckige Keller aus der Hansezeit und die Bildsteine.
Strandgatan 14
15. Mai–31. Aug. tgl. 11–18 Uhr,
1. Sept.–14. Mai Di–So 12–16 Uhr
Erw. 30 SEK, Kinder bis 16 Jahre frei

Konstmuseet

Das Kunstmuseum zeigt gotländische Kunst der letzten hundert Jahre.
St. Hansgatan 21
15. Mai–31. Aug. tgl. 11–18 Uhr,
1. Sept.–14. Mai Di–So 12–16 Uhr
Erw. 20 SEK, Kinder bis 16 Jahre frei

Naturmuseet

Im Naturmuseum erhält man einen Einblick in den geologischen Aufbau der Insel und die verschiedenen Vegetationsformen auf Gotland.
Donners Plats
15. Mai–31. Aug. tgl. 11–18 Uhr,
1. Sept.–14. Mai Di–So 12–16 Uhr
Erw. 20 SEK, Kinder bis 16 Jahre frei

Visby Bilmuseum

Schöne alte Volvos finden sich neben Motorrädern und anderen Veteranen der Landstraße.
Broväg (Str. 148, 5 km nördlich)
1. Juli–11. Aug. tgl. 10–18 Uhr
15.–30. Juni, 12.–18. Aug. tgl. 13–17 Uhr
Erw. 30 SEK, Kinder bis 12 Jahre 15 SEK

Wikinger- und Hansezeit werden in Gotlands Fornsal wieder lebendig

Essen und Trinken

Um Visby auch außerhalb der Sommersaison attraktiv zu halten, gibt es eine Initiative von Betrieben, die ganzjährig geöffnet haben. Dazu zählen auch Geschäfte, wichtig ist es aber vor allem bei den Restaurants. Sie sind durch ein »året runt«-Schild gekennzeichnet. In der Hauptsaison zwischen 15. Juni und 15. August wird man kein Problem haben, in Visby ein offenes Restaurant zu finden. Doch auch in der absoluten Nebensaison hat man in Visby noch die Auswahl zwischen mehreren Restaurants. Im Sommer kann als Faustregel gelten, daß rund um Stora Torget eher die preiswerten Restaurants liegen, die auf Touristen eingestellt sind, während die Einheimischen verstärkt rund um Donners Plats anzutreffen sind. Ausnahmen bestätigen die Regel. Die Öffnungszeiten variieren saisonal sehr stark. In der Hauptsaison ist es kein Problem, auch um 22 Uhr noch ein warmes Essen zu bekommen, in der Nebensaison sollte man nicht später als 20 Uhr das Restaurant betreten, sonst könnte es sein, daß der Koch schon gegangen ist.

Almedalen Krog
Die Lage macht's: Mitten im Park Almedalen mit Blick auf die Altstadt liegt der Krug. Drinnen wärmt ein offener Kamin. Großer Biergarten.
Almedalen
Tel. 04 98/27 18 65
Mittlere Preisklasse (AE, DC, EC, Visa)

Burmeister
Drinnen oder, noch besser, im Freien sitzen und zu fairen Preisen ordentlich essen, das kommt beim meist jüngeren Publikum gut an. Im Nebengebäude befindet sich eine Diskothek, die zu fortgeschrittener Stunde reichlich frequentiert wird.
Strandgatan 9
Tel. 04 98/21 03 73
15. Juni–17. Aug. tgl. 17–02 Uhr
Mittlere Preisklasse (AE, DC, EC, Visa)

Café Ryska Gården
Mit Blick auf Stora Torget sitzt man in oder vor dem kleinen, netten Café mitten im Geschehen.
Nedre Finngränd 1
Untere Preisklasse

Donners Brunn
Obwohl Donners Brunn zu den populärsten Restaurants der Stadt gehört, stimmt die Qualität beim Essen. Im Sommer sitzt man draußen auf dem Platz – sehen und gesehen werden gehört hier dazu.
Donners Plats
Tel. 04 98/27 10 90
Mittlere Preisklasse (AE, DC, EC, Visa)

Friheten TOPTEN 10
Auch wenn das Wisby Hotell mit dem Restaurant Kaptenshuset schon über ein gutes Restaurant verfügt, so ist Friheten als lockere Alternative mehr als nur eine Ergänzung. Gute Musik und gutes Essen in entspannter Atmosphäre darf man in dem kleinen dreieckigen Restaurant erwarten.
Strandgatan 6
Tel. 04 98/20 40 05
Tgl. mittags bis nachts
Mittlere Preisklasse (AE, DC, EC, Visa)

Isola Bella
Wer auch im Schweden-Urlaub nicht auf Pizza und Pasta verzichten mag, ist hier richtig.
Södra Kyrkogatan 20
Tel. 04 98/21 87 87
Mittlere Preisklasse (AE, DC, EC, Visa)

Lindgården
Das Wirtshaus serviert gotländische Spezialitäten und internationale Gerichte drinnen oder im Garten.
Strandgatan 26
Tel. 04 98/21 87 00 So geschl,
Mittlere Preisklasse (AE, DC, EC, Visa)

Munkkällaren
Der »Mönchskeller« im Gewölbe aus dem Jahre 1150 wird am späten Abend zur Disco umfunktioniert. Zuvor gibt es mittags und abends gegrilltes Lamm. Bei gutem Wetter wird auch im Innenhof gegessen.
Stora Torget
Tel. 04 98/27 14 00
Mittlere Preisklasse (AE, DC, EC, Visa)

Nunnan
Die »Nonne« bietet spanisch-mexikanische Spezialitäten. Im Sommer mit Live-Musik.
Stora Torget
Tel. 04 98/21 28 94
Untere Preisklasse (AE, DC, EC, Visa)

St. Hans Café
Bäckerei, Konditorei und Café in einem. Eine der wenigen Lokalitäten, wo man in Visby gut frühstücken kann. Einfache warme Gerichte mittags. Auf dem Hof sitzt man zwischen den Ruinen von St. Hans.
St. Hansgatan 2
Untere Preisklasse (AE, DC, EC, Visa)

Wallérs Krog
Drinnen dezent, draußen eine Terrasse der Fußgängerzone. Klar, daß man hier gesehen werden will. Nebenan gehört noch eine Bar dazu.
Wallérs Plats
Tel. 04 98/24 99 88
Mittlere Preisklasse (AE, DC, EC, Visa)

Einkaufen

Akantus
Kunsthandwerk und Möbel erhält man bei Akantus. Echte Antiquitäten sind zwar selten, aber manch schönes altes Stück ist darunter.
St. Hansplan

Bertholdsson & Holm
Der Laden in der Adelsgatan vertritt einige sehr gute Kunsthandwerker, die ihre Läden auf dem Land und nicht in Visby haben. Dinge des täglichen Bedarfs finden sich neben Edelkitsch und wunderbar unnützen Sachen.
Adelsgatan 28

Gotlands Kvinnliga Formgivare
Die weiblichen Designerinnen haben sich zum Erfahrungsaustausch und zu gemeinsamen Verkaufsausstellungen zusammengefunden. Das gezeigte Kunsthandwerk reicht von Decken über Hüte bis hin zu geschmiedeten Wetterfahnen. Eine feste Adresse haben die Designerinnen nicht, bitte in der Touristeninformation nachfragen, wann und wo die nächste Verkaufsausstellung stattfindet.

Hantverks Gården
Wohliges Sammelsurium aus Kitsch und Kunst, Keramikvasen und Porzellanengeln in der Atmosphäre einer Dachstube. Da der Handwerkerhof keine Schaufenster hat, läuft man leicht vorbei.
Smittens backe

Jordnära
Ökologische Kleidung und Kinderspielzeug aus Holz, Stoff und Wolle bilden den Schwerpunkt im Sortiment von Jordnära, was soviel wie »bodenständig« bedeutet.
Sta. Katarinagatan 1

Kitsch und Kunst für die Lieben daheim findet man im Hantverks Gården

Kvinnfolkis Handelshus
Das »Handelshaus der Weiber« kommt vom Anspruch her Gotlands Kvinnliga Formgivare nahe, aber nicht von der Qualität. Reinschauen lohnt sich trotzdem.
Donners Plats 2

Lotti Lundahl Keramik
In einem kleinen Ladengeschäft liegt die Töpferei von Lotti Lundahl. Unspektakuläre, zeitlose Linien prägen ihre Vasen und das Geschirr.
Hästgatan 4

Silversmederna Gamla Apoteket
In der alten Apotheke, einem der besterhaltenen Kaufmannshäuser aus dem Mittelalter in Visby, findet man interessante Arbeiten in Silber, Gold und Bronze.
Strandgatan 28

Yllet
Der Klassiker unter den Textilläden auf Gotland. Wollwaren, Leinenkleidung und Lederjacken und -westen zählen zum selbstentworfenen Sortiment. Die Formen sind schlicht, das Design orientiert sich an traditionellen Mustern. Yllet führt Damen- und Herrenoberbekleidung.
St. Hansgatan 19

Am Abend

Acacia
Pub und Nachtcafé, aber auch Gartenrestaurant und Diskothek ist das Acacia. Zum späten Abend hin füllt es sich mit jüngeren Nachtschwärmern ab 20 Jahren und ist nur noch Pub und Diskothek.
Strandgatan 13
12–4 Uhr

Burmeister
Neben dem Restaurant befindet sich im Bur einer der angesagten Nachtclubs in Visby. Nachtclub meint in Schweden ausschließlich Discothek. Das Publikum ist um die 25 Jahre und älter.
Strandgatan 9
Geöffnet 15. Juni–17. Aug.

Kaffestugan
Im Sommer können die Nächte in Visby lang werden. Wer früh am Morgen nach einer durchgemachten Nacht Lust auf ein Frühstück hat, bekommt es ab 5.45 Uhr in der Kaffestugan am Hafen. Noch früher, nämlich ab 5 Uhr, bekommt man Kaffee und Brötchen nur im unpersönlichen Hafenterminal.
Skeppsbron 20

Der Besondere Tip

Bakfickan Das kleine Restaurant am Stora Torget ist in kurzer Zeit zum In-Treff avanciert. Ein paar Tische auf der Straße, ein paar drinnen und eine entspannte Atmosphäre kennzeichnen das Lokal, in dem überwiegend jüngere Leute zu finden sind. Wurde von einer schwedischen Zeitschrift als eine der besten Szenekneipen des Landes ausgezeichnet. Gute Fischgerichte. Stora Torget, Tel. 04 98/27 18 07, Mittlere Preisklasse (AE, DC, EC, Visa)

Munkkällaren
Was tagsüber Restaurant ist, wird abends zur Salsabar und zum Nachtclub. Auch hier spielt die Musik bis in die frühen Morgenstunden, das Publikum ist gemischt. Das historische Gemäuer eignet sich für Grufties.
Stora Torget

Skeppet
Unten am Hafen ist eine Flaniermeile mit mehreren Kneipen entstanden. Das Essen ist zwar nicht in jedem Fall empfehlenswert, aber zum Kaffeetrinken oder zum Luftschnappen, wenn man aus der Discothek kommt, sind die Kneipen in Ordnung. Skeppet besteht aus Antons Pub, dem Restaurant Hannes Krog und der Diskothek Rockjollen, in der es auch regelmäßig Live-Musik zu hören gibt.
Hampplan 5

Service

Für Anfragen aus dem Ausland vorab:
Gotlands Turistförening
Box 1403
62125 Visby
Tel. 04 98/24 70 65
Fax 04 98/27 89 40

Für Fragen vor Ort:
Turistbyrå Visby, Donnerska Huset
Donners Plats
Tel. 04 98/21 09 82
Fax 04 98/27 89 40
2. Mai–6. Juni Mo–Fr 8–17 Uhr, Sa–So 10–16 Uhr,
7. Juni–18. Aug. Mo–Fr 7–19 Uhr, Sa–So 7–18 Uhr

Die Hafenzeile ist heute der Mittelpunkt des Visbyer Nachtlebens

Schöne Strände locken viele Urlauber an die Westküste zwischen Klintehamn und Visby. Südlich von Klintehamn ist es so ruhig wie sonst auf Gotland.

Wenn in Deutschland von einem touristischen Zentrum die Rede ist, denkt man an Bettenburgen, volle Parkplätze und Highlife am Abend. Auf Gotland sind die Dimensionen anders. Zwei Hotels und ein Campingplatz am Strand reichen schon, um von vielen Gästen zu sprechen. So gesehen sind Kneippbyn und Tofta geradezu Hochburgen des Tourismus, wenn auch sehr unterschiedlicher Art. Kneippbyn lebt von Remmidemmi und schneller Unterhaltung. Tofta hingegen mit dem wirklich guten Strand und den beiden Hotels mit ihrer schönen Lage ist weit ruhiger. Klintehamn lebt von dem Hafen, der Holzindustrie und dem Dienstleistungssektor. Mit Kovik und Djupvik finden sich altertümliche Fischerdörfer an der Küste, die wegen ihrer Lage hin zum Sonnenuntergang im Meer mit einer ganzen Reihe von Freizeithäusern bebaut ist. Ein Wald- und Heidegebiet, das sich in einem weiten Bogen von Klintehamn bis nach Etelhem und weiter bis Norrlanda im Osten zieht, ist fast wie unbewohnt.

Wald und Heide prägen den Westen

Kneippbyn ■ B 5

Kneippbyn lebt von dem Freizeitpark und dem Badeland. Es ist kein gewachsener Ort, was man schon daran erkennt, daß Kneippbyn keine Kirche hat – ein Muß für ein richtiges Dorf auf Gotland. Die kurze Entfernung nach Visby macht Tagesausflüge auch mit kleinen Kindern möglich.

Hotels und andere Unterkünfte

Stiftelsen Fridhem
In dieser Pension wohnte 1860 schon Prinzessin Eugenie, die Tochter des schwedischen Königs Oskar I. Mit ihren Besuchen begann die Entwicklung des Tourismus auf Gotland, denn was Königs im Urlaub machen, findet immer Nachahmer. Das Holzgebäude mit der Aussicht auf die Klippe Högklint wird heute von einer christlichen Stiftung betrieben. Alkoholgenuß und Rauchen sind hier nicht möglich, vegetarische Kost hingegen schon. Im Hauptgebäude haben alle Zimmer Dusche und WC, im Nebengebäude gibt es nur Etagenduschen.
Von Str. 140 Richtung Högklint fahren.
Tel. 04 98/29 60 18, Fax 26 40 10
18 Zimmer
Juni–Aug. geöffnet, Mai und Sept. nur für Gruppen
Untere/Mittlere Preisklasse

Suderbys Herrgård
In einem ehemaligen Herrenhaus liegt dieses stilvolle Hotel von einem großen Park umgeben. Es ist aufgrund der Verkehrsanbindung eine gute Alternative zu den Stadthotels in Visby.
Tel. 04 98/26 48 67, Fax 26 50 09
50 Zimmer
Mittlere Preisklasse (AE, DC, EC, Visa)

Sehenswertes

Högklint
Die Klippe an der Küste kurz hinter Kneippbyn bietet eine gute Aussicht auf das Meer und hinüber bis Visby. Der Aussichtspunkt liegt 48 m über dem Meer. Ein kleines Naturschutzgebiet schließt sich an.
Von Str. 140 nach Kneippbyn abbiegen. Von dort ausgeschildert

Museum

Bilmuseet
Das Automuseum von Kneippbyn hat sich auf vielerlei Art dem Vergnügen verschrieben. Natürlich kann man alte Autos, Motorräder, Fahrräder und Traktoren betrachten. Doch populärer sind die Go-Kart-Bahn sowie die ferngesteuerten Autos und Boote. So kann man in dem Automuseum reichlich Geld lassen.
Kneippbyn
8. Juni–18. Aug. tgl. 10–20 Uhr
Erw. 30 SEK, Kinder bis 12 Jahre 15 SEK

Essen und Trinken

Rotundan
Einen Vergnügungspark ohne Restaurant gibt es nicht. Bar, Bühne und Restaurant will Rotundan sein. Von Musikgruppen bis zum »Tyrolerfest« gibt es alles, was den Durst steigert. Außerhalb der Saison wird es schnell ganz still.
Kneippbyn
Tel. 04 98/26 49 55
Mitte Juni–Mitte Aug. morgens bis nachts
Mittlere Preisklasse (AE, DC, EC, Visa)

Stekhuset
Das Steakhaus war bis vor wenigen Jahren nur eine Wurstbude am Straßenrand. Jetzt kann man in dem

großen Gartenlokal unter indischer Leitung recht günstig essen. Trotz der Nähe zu Kneippbyn ganzjährig geöffnet.
Str. 140 zwischen Visby und Kneippbyn
Tel. 04 98/26 49 95
Untere Preisklasse (AE, DC, EC, Visa)

Klintehamn ■ D 7

Fischkutter liegen im Hafen, Berge von gestapeltem Holz werden im Sommer mit Wasser besprüht, Freizeitboote machen am Kai fest, keine Frage, der Hafen von Klintehamn lebt. Der ursprüngliche Ort, Klinte, liegt etwas weiter im Land, doch rund um den Hafen entstand eine neue Ortschaft. Die Visbyer Kaufmannsfamilie Donner kontrollierte auch hier den Handel. Der Hafen lebte von einer Werft sowie nach Aufgabe der Einschränkungen ab 1828 vom Handel. Schon zu Zeiten der Vitalienbrüder, wie sich die Seeräuber selbst nannten, wurde unter ihrem Anführer, dem abgesetzten schwedischen König Albrecht von Mecklenburg, nahe Klintehamn um 1396 eine Burg errichtet. Von 1376 bis ungefähr 1400 dauerte der Kaperkrieg der Mecklenburger gegen die dänische Unionskönigin Margrethe und die Hanse, wobei die Hansestädte Wismar und Rostock sich nicht gegen ihren Landesherren stellten und so einen Konflikt mit Lübeck provozierten. Der Stützpunkt der Seeräuber unter Albrecht von Mecklenburg war Gotland. Erst nach 1400, als die Seeräuber aus der Ostsee vertrieben waren, gelangte Klaus Störtebeker als einer der letzten Anführer in der Nordsee zu trauriger Berühmtheit. Vermutlich ist auch er in Klintehamn gewesen.
Klintehamn gehört zu den Orten, die nicht vom Tourismus leben. Außergewöhnliches findet sich auch nicht. Klintehamn ist dank des Hafens ein relativ lebhaftes Städtchen. In der Einfahrt ragen Wrackteile eines gesunkenen Frachters wie ein Mahnmal aus dem Wasser.

Die auf einer Halbinsel gelegene Pension Warfsholm

Hotels und andere Unterkünfte

Gannarve Gård
Auf dem Hof Gannarve ist ein populärer Reitstall beheimatet, der auch ein paar Zimmer als Pension vermietet. Die Lage am Ufer mit eigenem Strandabschnitt ist einladend. An der Einfahrt zum Hof liegt eine große Schiffssetzung.
Gannarve bei Fröjel, Str. 140
Tel. 04 98/24 40 76
Untere Preisklasse (AE, DC, EC, Visa)

Warfsholm
Die Pension liegt auf einer kleinen Halbinsel und ist mit dem Hafen von Klintehamn über eine Fußgängerbrücke verbunden. Eine Zufahrt von der Straße gibt es auch. Ein Nebengebäude dient als STF Jugendherberge, das Hauptgebäude als Pension. Tretboote und eigener Badesteg vor der Tür. Auch Camping möglich.
Klintehamn. Von Str. 140 nach Westen abbiegen
Tel. 04 98/24 00 10, Fax 24 14 11
32 Zimmer
1. April–31. Okt.
Untere Preisklasse (AE, DC, EC, Visa)

Sehenswertes

Djupvik ■ A8
Ein Abstecher, der sich lohnt: Wer zwischen Fröjel und Eksta die Straße 140 Richtung Westen verläßt, kommt auf eine geschotterte Küstenstraße, die über Sandhamn und Djupvik zum Naturschutzgebiet Ekstakusten führt. Der Hafen von Djupvik ist seit Ende des 19. Jh. kaum verändert worden. Die dunkel geteerten Fischerhütten liegen pittoresk am Strand. Ein Teil der Hütten dient inzwischen als Ferienhäuser. Von Djupvik aus verkehrt im Sommer ein Fischkutter zur Insel Lilla Karlsö.
Str. 140, südlich von Fröjel nach Westen Richtung Sandhamn abbiegen

Russpark, Lojsta
In der kargen Heidelandschaft lebt eine Herde von Russ, wie die altertümliche gotländische Ponyart heißt, in freier Wildbahn. Nur einmal im Jahr wird die Herde zusammengetrieben und gezählt.
Str. 141 Klintehamn-Levide nach Osten Richtung Lojsta abbiegen

Vivesholm
Auf der Halbinsel Vivesholm ließ der Herzog Erik, der Sohn des abgesetzten schwedischen Königs Albrecht von Mecklenburg, um 1396 eine Festung anlegen. Sie diente als Stützpunkt für die Kaperfahrt gegen das dänische Königreich und die Hanse zu einem Zeitpunkt, als die Mecklenburger in arge Bedrängnis kamen. Bereits 1398, als der Deutsche Orden Gotland angriff, wurde die Burg wieder geschliffen. Was man heute sieht, Wall und Graben, stammt überwiegend vom Beginn des 18. Jh., als der schwedische Gouverneur der Insel hier eine Kanonenstellung zum Schutz von Klintehamn errichten ließ.

Museum

Kovik fiskeläge ■ A7
Das Fischerdorf Kovik, das wohl schon zur Wikingerzeit dem Fischfang diente, ist komplett zum Museum erklärt worden. 20 Fischerhütten sind erhalten, 14 Boote und viele Gegenstände aus dem Arbeitsleben der Fischer, bevor Motorboote aufkamen.
Str. 140 Klintehamn-Västergarn nach Westen abbiegen
Eintritt frei

Aus dem Fischerdorf Kovik ist ein Museum geworden

Einkaufen

Stina Jansson
Die Kunsthandwerkerin Stina Jansson stellt sehr individuelle Kleidung aus Lamm- und Schaffell her. Sie kombiniert traditionelles Handwerk mit ausdrucksstarken Farben, die ihre Jacken und Westen nach eigener Aussage zu »farbigem Schmuck« werden lassen.
Str. 141, Ansarve Fröjel
Einfach vorbeischauen oder nach Vereinbarung
Tel. 04 98/24 42 65

Konst- og Handverkshuset, Sanda
Das Kunst- und Handwerkerhaus von Sanda liegt nicht im Dorf, sondern an der Straße 140. Bilder, Keramik und Batik kann man kaufen oder im Garten Kaffee trinken und Kuchen essen.
Galerie und Schmiede.
Str. 140 Klintehamn-Västergarn
Höhe Kovik, etwas zurückgesetzt

Lilla Karlsö ■ A8

Von Djupvik aus führt im Sommer der Fischkutter Eva VY 12 hinüber zur Insel Lilla Karlsö. In den Monaten Juni bis August ist das Betretungsverbot der unter Naturschutz stehenden Vogelinsel aufgehoben. Eine sachkundige Führung ist im Preis enthalten.
Djupvik
Tel. 04 98/24 11 39 oder 24 11 11
1. Juni–20. Aug. tgl. 10 Uhr
Erw. 170 SEK, Kinder 85 SEK

Stora Karlsö ■ A8

Die große Karlsinsel ist von Land aus gut zu sehen. Doch das ungemein reiche Vogelleben, die Raukar und Strandwälle erkennt man erst bei einem Besuch der Insel.
Während man nach Lilla Karlsö das Essen selbst mitnehmen muß, gibt es auf Stora Karlsö sogar ein kleines Restaurant. Die Insel kann per Schiff von Klintehamn aus besucht werden. Übernachtungsmöglichkeit in einfacher STF Jugendherberge.
Tel. 04 98/24 05 00 oder 24 05 67
Restaurant Stora Karlsö Tel. 24 10 19
4. Mai–31. Aug. tgl. 9 Uhr ab Klintehamn, 15. Mai–3. Aug. zusätzl. tgl. 11 Uhr ab Klintehamn
Erw. 170 SEK, Kinder 6–17 Jahre 85 SEK, bis 6 Jahre frei

Tofta ■ A6

Tofta ist Gotlands kleines Badeparadies. Der lange Sandstrand ist von Dünen begrenzt. Der Strand ist kinderfreundlich, weil es flach ins Wasser hineingeht und keine heimtückischen Strömungen vorkommen. Mit einem großen Campingplatz und zwei Hotels, davon eines direkt am Strand, gibt es eine verhältnismäßig große Zahl an Unterkünften. Tofta ist neben Ljugarn im Osten wohl das einzige echte Seebad im engeren Sinn auf Gotland.

Hotel und andere Unterkünfte

Toftagården Hotel
Daß Toftagården als eines der besten Hotels der Insel gilt, verdankt das Haus nicht zuletzt der sehr guten Küche. Toftagården ist Mitglied der Kette Countryside Sweden Hotels, die für ihre individuellen und historisch stimmigen Hotels bekannt ist. Das Hotel liegt jenseits der Str. 140 etwa 300 m vom Strand in einem ruhigen Wäldchen. Die Zimmer befinden sich teilweise in Nebengebäuden. Das hochklassige Restaurant steht jedermann offen.
Tofta Strand, von Str. 140 ausgeschildert
Tel. 04 98/29 70 00, Fax 26 56 66
78 Zimmer
Mittlere Preisklasse (AE, DC, EC, Visa)
Restaurant Obere Preisklasse (AE, DC, EC, Visa)

Tofta Strandpensionat
Die eingeschossigen, langen Gebäude der Strandpension sehen schmucklos aus, doch die Lage reißt es heraus: Vor dem Zimmer beginnt der Strand, zum Wasser sind es wenige Meter. Auch die Terrasse des Restaurants endet in der Stranddüne. Die Zimmer sind schlicht und zweckmäßig.
Tofta Strand, von Str. 140 ausgeschildert
Tel. 04 98/29 70 60, Fax 26 50 09
78 Zimmer, Mittlere Preisklasse (AE, DC, EC, Visa)

Sehenswertes

Gnisvärd fiskeläge
Unweit des Strandes von Tofta liegt das Fischerdorf Gnisvärd mit etwa 40 Fischerhütten. Ungewöhnlich ist die Kapelle, die um 1830 gebaut wurde. Auf dem Weg zu dem Fischerdorf liegt Gotlands größte Schiffssetzung. 47 m lang und 7 m breit ist das Grab in Schiffsform.
Str. 140 zwischen Tofta Strand und der Kirche von Tofta nach Westen abbiegen

Vikingabyn: Es herrschten rauhe Sitten bei den Wikingern

Vikingabyn
Für einen Tag Wikinger spielen kann man in Vikingabyn am Strand von Tofta. Auch wenn Spiel und Spaß im Vordergrund stehen, merkt man doch das Bemühen, sich nicht zu weit von dem historischen Vorbild zu entfernen.
Tofta Strand, Str. 140
Tel. 04 98/29 71 00, Fax 26 56 66
17. Juni–10. Aug. tgl. 10–17 Uhr
Erw. 60 SEK, Kinder 5–12 Jahre 40 SEK, Familienkarte 2 Erw., 2 Kinder 160 SEK

Man könnte Gotland in drei bis vier Tagen in alle Himmelsrichtungen durchqueren. Gesehen hätte man einiges, aber nicht verstanden.

Die größte schwedische Ostseeinsel erschließt sich am besten auf den kleinen Schotterwegen. Ob mit dem Auto oder per Fahrrad unterwegs, spielt dabei gar nicht solch eine große Rolle. Meist kommt die Entdeckerlust von allein, und je nach Interesse sucht man besondere Naturräume, Zeugnisse vergangener Zeiten oder einfach nur das lauschigste Café der Insel mit Blick auf das Meer. Wer Spaß an solchen Alltagsexpeditionen hat, kann viele Tage damit zubringen. Je nach Lage des Feriendomizils summieren sich die Kilometer auf der Insel schneller, als man denkt. Strategisch günstig sind die Quartiere in der Mitte zwischen Nord und Süd, ob man nun Visby oder Ljugarn wählt. Wer zwei oder gar drei Wochen Zeit hat, sollte überlegen, ob man nicht einmal das Quartier in der Zeit wechselt. Da Visby über die größte Zahl an Gästebetten verfügt, werden die Rundtouren von dort aus beschrieben.

Alle wichtigen Orte sind im Kapitel »Sehenswerte Orte und Ausflugsziele« beschrieben.

Allee bei Roma

Gemütlich durch Südschweden anreisen

Die Strecke von Trelleborg, Helsingborg oder Göteborg durch Schwedens Süden führt durch so schöne Gegenden, daß es schade wäre, einfach vorbeizufahren. Außerdem besteht bei einer mehrtägigen Anreise die Möglichkeit, zweimal eine Tagesüberfahrt mit der Fähre zu wählen, wenn man nachts auf einem Schiff nicht schlafen kann.

Von Trelleborg aus fährt man an der Küste entlang nach **Ystad**, die Kleinstadt mit den Fachwerkhäusern. Weite Sandstrände laden zum Baden ein. Von Ystad aus gibt es zwei Alternativen, die kürzere Strecke auf Straße 19 oder an der Küste entlang auf Straße 9 und Landstraßen. Im Inland kommt man auf Straße 19 an **Tomelilla** vorbei, wo sich die Möglichkeit zum Draisinefahren auf einer 15 Kilometer langen, stillgelegten Bahnstrecke bietet. Wer lieber an der Küste bleibt, trifft bei **Kåseberga** auf die von der Lage her spektakulärste Schiffssetzung Schwedens. Das Grab in Schiffsform liegt oben auf der Steilküste mit Blick über die Ostsee. In **Skillinge** läßt sich im Hamnkrog sehr gut Fisch essen, und spätestens in der kleinen Hafenstadt **Simrishamn** findet sich eine Übernachtungsmöglichkeit. Der Gasthof Karlaby Kro in Tommarp bei Simrishamn ist von Deutschland aus buchbar. Vorbei am **Nationalpark Stenshuvud** fährt man die Küste entlang nach **Åhus**, wo es einen schön gelegenen Campingplatz in Strandnähe gibt. Über Kristianstad gelangt man auf der teilweise als Autobahn ausgebauten Europastraße 22 nach Blekinge, wo **Sölvesborg** sich für einen Zwischenstopp eignet. In **Mörrum** kann man im Laxens Hus durch eine Glasscheibe die Lachse im Fluß beobachten.

Nun muß man sich entscheiden, ob man weiter auf der Schnellstraße über Karlshamn und Karlskrona nach **Kalmar** fahren will oder lieber einen Umweg durch das småländische Glasreich macht. Kilometermäßig fällt der Unterschied kaum ins Gewicht, doch fährt es sich im Inland langsamer. Außerdem warten dort am Wegesrand zahlreiche Besichtigungsmöglichkeiten, während die Region entlang der Europastraße bis Kalmar arm an Attraktionen ist. Es ist also nur eine Zeitfrage, welchen Weg man wählt.

Die Straße 29 führt vor Karlshamn hinein in den småländischen Wald bis nach **Tingsryd**, wo die Straße 120 über Älmeboda nach Emmaboda nach Osten abzweigt. Kleine Seen tauchen immer wieder rechts und links der Straße auf, bis in **Emmaboda** das Glasreich erreicht wird. Zahlreiche Glashütten, die auf eine über dreihundertjährige Tradition zurückblicken können, liegen zwischen Växjö und Kalmar. Folgt man der Straße 28, erreicht man an der Kreuzung zur Straße 25 **Eriksmåla**. Hier führt eine klei-

Anreise durch Südschweden
Autobahn
Fernverkehrsstraße, Hauptstraße
Nebenstraße
Autotour
Visby Sehenswerter Ort
Slite Ausflugsziel
Schloß, Burg
Leuchtturm
Flughafen
Nationalpark
0 60 km
N
Ostsee
Kattegat
Göteborg
Tjörn
Marstrand
Borås
Kungbacka
Varberg
Falkenberg
Anholt
Halmstad
Halland
Jönköping
Nässjö
Eksjö
Hult
Vimmerby
Västervik
Mariannelund
Vetlanda
Hultsfred
Gnosjö
Store Mosse
Värnamo
Bredaryd
Småland
Högsby
Oskars-hamn
Helgasjön
Växjö
Hovman-torp
Kosta
Orrefors
Ålem
Bolmen
Ljungby
Lessebo
Åfors
Nybro
Eriksmåla
Kalmar
Veinge
Åsnen
Råshult
Tingsryd
Emmaboda
Båstad
Markaryd
Blekinge
Söderåkra
Mölle
Arild
Kullen
Höganäs
Osby
Hässle-holm
Olofström
Mörrum
Ängelholm
Kristian-stad
Karlshamn
Karlskrona
Helsingør
Helsingborg
Sölvesborg
Hillerød
Ven
Landskrona
Åhus
Öre-sund
Lund
Hörby
Hanöbukten
Kopenhagen
Skåne
Sjöbo
Stenshuvud
Roskilde
Dragør
Malmö
Tomelilla
Simrishamn
Limhamn
Køge
Trelleborg
Ystad
Skillinge
Kåseberga
Dänemark
Sommen
Viskan
Ätran
Nissan
Lagan
Böda
Borg-holm
Öland
Färje-staden
Eketorps Fornborg
Långe Jan
Fårö
Fårösund
Lärbro
Slite
Visby
Gotland
Tofta
Dalhem
Klintehamn
Ljugarn
Stånga
Burgsvik
E4
E3
E6
E66
40
31
33
27
34
26
23
136
148
142
30
25
24

ne Seitenstraße zur Glashütte von **Åfors**, in der das Künstlerehepaar Hydman-Vallien seit Jahren stilbildend arbeitet. Zu der großen Glashütte in **Kosta** sind es noch etwa 15 Kilometer auf der Straße 28. Man kann aber auch die Straße 25 Richtung Kalmar wählen, wo man an der kleineren Hütte von **Boda** vorbeikommt. Folgt man der Nebenstraße nach Boda weiter, erreicht man nach rund zehn Kilometern **Orrefors**, ebenfalls eine der führenden Glashütten Schwedens. Sowohl in Kosta als auch in Orrefors finden sich Museen zur Geschichte der Glasbläserei in Schweden. Alle Glashütten haben große Verkaufsräume, in denen man günstig Stücke zweiter Wahl kaufen kann. Das Sortiment unterscheidet sich regional etwas, doch seitdem die einstigen Konkurrenten Kosta Boda und Orrefors in einem Konzern vereint sind, verwischen sich die Unterschiede langsam. Über die Straße 25 kommt man nach Kalmar, wo es einige Übernachtungsmöglichkeiten gibt. In **Kalmar** ist vor allem das Schloß sehenswert.

Von Kalmar aus nimmt man die Europastraße Richtung Norden. Etwa nach 20 Kilometern zweigt eine Nebenstraße zur Küste nach Pataholm, einem pittoresken Dorf, ab. Die Europastraße wird wieder bei **Ålem** erreicht. Wer mit Kindern reist, sollte bei Ålem auf die Straße 34 abbiegen und den Kindern einen Tag im Freitzeitpark Astrid Lindgrens Värld in **Vimmerby** gönnen. Der Umweg von insgesamt etwa 140 Kilometern lohnt sich, auch wenn der Spaß nicht ganz billig ist. Pippi Langstrumpf in Vimmerby ist allemal besser als in Kneippbyn bei Visby. In **Oskarshamn** kann man während einer eventuellen Wartezeit an der Fähre die skurrilen Figuren des Holzschnitzers Dödarhultaren bestaunen, dem ein kleines Museum gewidmet ist.

Dauer: zwei bis vier Tage, je nach Dauer der Aufenthalte
Länge: 400 km mit einem Abstecher ins Glasreich, Ausflug nach Vimmerby zusätzlich etwa 140 km

Wenn Buchfiguren zur Wirklichkeit werden

Eine Runde durch den Norden

Von Visby aus führt die Straße 149 nach Norden an der Küste entlang. Als erstes trifft man auf **Krusmyntagården**, den Kräutergarten, kurz darauf folgt schon **Lummelunda** mit der Grotte, dem Mühlrad und der Möglichkeit einzukehren. An der Kirche von Lummelunda lohnt ein kurzer Abstecher Richtung Osten zur Kirche von **Martebo**. Man muß nicht denselben Weg zurückfahren, es gibt auch eine Landstraße, die über Stenkyrka zurück zur Straße 149 führt. Kurz hinter Stenkyrka kommt man links zum kleinen Hafen von **Lickershamn**, wenn man die Abzweigung nicht verpaßt. Zurück auf der 149 folgt als nächstes die Streusiedlung **Ire**, wobei als erstes der große Hof Ihre gård ins Auge fällt. Rechter Hand liegen Café und Laden, linker Hand die große Hofanlage, die ökologisch bewirtschaftet wird. Pferdeliebhaber können von hier aus nach vorheriger Vereinbarung Ausritte machen. Auf halber Strecke zwischen Ire und Kappelshamn zweigt links eine schmale, manchmal nur einspurige Straße nach Hall ab. In **Hall** muß man sich an der Kirche links halten, um nach **Hallshuk** zu kommen. Zum einen eignet sich der Hafen mit seinen pittoresken Fischerhütten gut für ein Picknick, und zum zweiten läßt sich von der Klippe oberhalb des Hafens sehr schön über Land und Meer schauen. Durch das Naturschutzgebiet Hallshuk führt ein befestigter Weg nach **Kappelshamn**, den man zu Fuß oder mit dem Rad benutzen kann. Wer das Rad mitbringt, kann hier eine

Eines Tages soll die Fårösund-Fähre durch eine Brücke ersetzt werden

schöne kleine Rundtour machen. Mit dem Auto muß man zurück über Hall zur Straße 149, um weiter nach Kappelshamn zu kommen. Kurz hinter dem Ort führt links eine Straße durch die Industrieanlage von Storugns zum Kalksteinmuseum von **Bläse**. Hier kann man eine Kleinigkeit essen. Neben Kaffee und Kuchen gibt es auch einfache warme Gerichte. Außerdem bietet sich eine Fahrt mit der Schmalspur-Werksbahn an. Von Bläse nach **Fleringe** führt eine sehr schmale Landstraße, doch der Hof Groddagården ist leicht zu finden. Nur wenige hundert Meter weiter kann man auf Skymnings Lamm & Pälsgård viel Geld für gute Lederjacken loswerden. Wenn das Sperrgebiet wie geplant 1997 aufgehoben wird, kann man geradeaus auf der kleinen Straße weiterfahren, um über Hau nach **Bunge** zur Straße 148 zu kommen. Mit dem Freilichtmuseum wartet hier die nächste Attraktion, für die man eine Stunde einplanen sollte. Gegenüber auf der anderen Straßenseite befindet sich die Touristinformation, an der man auch die eine oder andere Kleinigkeit zu essen bekommen kann. Wer will, kann noch einen Abstecher nach **Fårösund** machen. Für diejenigen, die bislang jeden Programmpunkt in Ruhe genossen haben, ist der Tag schon vorbei. Immerhin lernt man dabei, daß man die Entfernungen auf dieser Insel nicht unterschätzen sollte. Für den Rückweg bieten sich, je nachdem, wieviel Zeit bleibt, noch ein Schlenker über Hellvi nach **Kyllaj** an, wo der große Strandridagården einen Besuch lohnt. Kommt man etwas später nach **Lärbro**, sollte man an der Kirche mit dem markanten Turm einen kurzen Stopp einlegen. Die Straße 148 führt nun sehr flott in Richtung Visby. Ein Zwischenhalt in **Tingstäde** erfordert ein gewisses Maß an Phantasie. Die hölzerne Festung Bulverket liegt unter der Wasseroberfläche des Sees Tingstäde träsk. Kirchen-Liebhaber legen wegen der Wandmalereien sicher auch noch einen Stopp in **Bro** in der Kirche ein.

Wem diese Tour für einen Tag zu lang ist, sollte sie auf zwei Tage verteilen. Für den ersten Tag bietet sich die Runde bis Hallshuk an, von wo aus man über **Hangvar** nach Tingstäde gelangen kann. Am zweiten Tag nutzt man dann für die An- und Abfahrt die Straße 148 bis Lärbro und fährt die Runde durch den Norden von dort aus über Kappelshamn nach Bläse, Fleringe und Bunge.

Wer aus dem Osten der Insel kommt, sollte wegen der längeren Anfahrt ebenfalls zwei Ausflüge daraus machen. Zum einen kommt die Runde mit Lärbro als Ausgangspunkt in Frage. Für die Orte an der Klintküste von Lummelunda bis Hallshuk fährt man aber sinnvollerweise über Visby.

Dauer: ein oder zwei Tage, je nach Besichtigungsprogramm
Länge: ca. 150 km
Karte: → Klappe vorne

Fårö per Rad

Ausgangspunkt der Radtour ist **Fårösund**, wo man auch Fahrräder leihen kann, wenn man selbst keines mitbringt. Ein Fahrradverleih befindet sich gegenüber der Statoil-Tankstelle. Mit der tagsüber halbstündlich verkehrenden Fähre geht es hinüber auf die Insel **Fårö**. Das erste Stück des Weges verläuft noch auf der »Hauptstraße« der Insel, doch vor der Kirche von Fårö wird links abgebogen nach **Lauter** und Lauterhorn, wo man auf den Hafen trifft. Den Abzweig unterwegs nach **Gamlehamn** sollte man nur mit stabilen Rädern, am besten Mountainbikes, ausprobieren, denn der Schotterbelag zerrt vor allem bei dünnen Reifen heftig an Nerven und Lenker. Die jetzt folgende Küstenstraße vorbei an dem Raukgebiet **Digerhuvud** zählt zu den schönsten Gotlands. Fast vegetationslos die Landschaft, dominieren hier nur zwei Farben: das helle Grau der Steine und das leuchtende Blau des Meeres. Je nach Jahres- und Uhrzeit verändern sich die Farben, gleichen sich Blau und Grau an oder leuchten die Steine rötlich im Abendlicht, während das Meer schwarzblau wird. Bei **Helgumannen** kommt noch als weitere Farbnuance das Schwarzbraun der geteerten Fischerhütten hinzu. Eine Stichstraße führt zu **Langhammars Raukar** am nordwestlichen Zipfel von Fårö. Wer jetzt Hunger verspürt, hat entweder etwas zu essen im Rucksack dabei oder muß warten. In dieser Ecke der Insel gibt es weder Imbißbude noch Restaurant. Bis kurz vor Helgumannen muß man denselben Weg zurückradeln, dann führt die linke Straße an der

Der Gotlandsleden ist ein Radrundweg um Gotland

Weggabelung am See Norrsund vorbei zurück zur Hauptstraße. Fährt man von hier direkt zur Fähre zurück, hat man ungefähr 30 Kilometer per Rad zurückgelegt. Wer noch genügend Kondition besitzt, biegt statt nach rechts zur Fähre nach links zu einer weiteren Schleife ein. Bis nach **Sudersand** fährt es sich recht gut auf der Hauptstraße, wer Hunger hat, findet im Sommer rechter Hand in Strandnähe mehrere Möglichkeiten, etwas zu essen. Durch den Wald geht es nun hinaus bis zum Leuchtturm **Fårö fyr** auf der äußersten Spitze. Der Rückweg über Skär und **Ekevik** ist ähnlich lang wie der Weg über Sudersand. Ob man links oder rechts um das Naturschutzgebiet **Ullahau** herumfährt, ist fast egal. Auf beiden Seiten laden Strände zu einem erfrischenden Bad ein. Nur die Versorgungslage ist auf der südlichen Seite bei Sudersand besser. Der Rückweg von Sudersand über die Hauptstraße zur Fähre zieht sich in die Länge. Ungeübte Radfahrer wissen danach auch kleine Steigungen wie die nahe der Kirche von Fårö zu würdigen. Ganz wichtig für die Radtour ist die richtige Ausrüstung. Ins Gepäck gehört auf jeden Fall Flickzeug, falls der Schotter einem Reifen zu sehr zusetzen sollte. Außerdem benötigt man Getränke und wenigstens eine Notverpflegung, denn die Entfernungen zwischen den einzelnen Läden, Cafés und Restaurants sind doch ganz erheblich.

Dauer: ein Tag
Länge: entweder rund 30 oder knapp 70 km
Karte: → S. 50

Knapp 20 Windmühlen stehen auf Fårö

Kunsthandwerk im Osten Gotlands

Kunsthandwerk in geballter Form läßt sich auf einer Tagestour durch den Osten Gotlands entdecken. Zunächst fährt man über Roma nach **Etelhem**. Dort liegen drei Töpfereien, von denen Etelhems Krukmakeri die wichtigste ist. Sie bietet zudem den Vorteil, daß man den Töpfern in der Werkstatt bei der Arbeit zuschauen kann. Von Etelhem aus geht es über Stånga nach **Burs**. Flors i Burs heißt die Glashütte und Keramikwerkstatt. Interessante Kreationen aus Glas und Steingut finden sich hier abseits der großen Straßen. Ganz in der Nähe hat auch die Schmiedin Harriet Löwenhielm ihre Werkstatt. Eines ihrer Lieblingsobjekte sind Windspiele jeder Größe. Die Schmiede kann nur nach vorheriger telefonischer Absprache besucht werden (Tel. 04 98/48 31 95). Als Kontrastprogramm bietet sich ein Abstecher zu der frühzeitlichen Siedlung Stavgard und zu dem verlassenen Fischerdorf Tomtbod fiskeläge in Richtung **Ronehamn** an. Für die Mittagspause eignet sich beispielsweise Gumbalde gård in **Stånga**. An der Straße 144 läßt sich mit Kindern ein Abstecher zum Gute Zoo bei **Alskog** kaum vermeiden. Und wenn die Kinder zufrieden sind, kann man sich danach um so länger in der Mejeriet von Alskog bei Eila Burvall und Tomas Stöfting aufhalten. Teppiche, Pullover und ausgefallene Keramik warten hier auf Käufer. In **Ljugarn** ist dann die Zeit für Kaffee und Kuchen gekommen, wozu hier verschiedene Möglichkeiten bestehen. Das kleine Museum Strandridaregården lohnt einen kurzen Besuch. Über ein kurzes Stück der Straße 143 geht es weiter nach **Gammelgarn** und **Östergarn**. Bei Skogby, das so klein ist, daß kein Schild auf den Ortsnamen hinweist, sollte man sich rechts halten, denn dann kommt man an der Bucht Sandviken vorbei. Sie trägt ihren Namen zu Recht, Baden oder Surfen ist hier möglich. In Katthammarsvik lohnt es, einmal auszusteigen und sich den Kalkpatronsgården anzuschauen. Wer einen Spaziergang machen möchte, sollte zum Aussichtspunkt auf dem **Grogarnsberget** fahren. Vorsicht, der Weg ist teilweise in schlechtem Zustand. Autos mit zu niedrigem Frontspoiler bekommen Probleme. Die Aussicht auf die vorgelagerte Insel Östergarnsholm lohnt. Von Katthammarsvik fährt man weiter nach **Kräklingbo**, wo wieder eine Töpferei wartet. Den Abend beschließen kann man im Konstnärsgården in **Ala** oder freitags in der Brauerei Vivungs bei **Bjärges**. Wer außerhalb der Hochsaison im Sommer fährt, sollte vorab mit den Kunsthandwerkern Termine machen und überprüfen, welches Restaurant geöffnet hat.

Dauer: ein Tag
Länge: 160 km
Karte: → Klappe vorne und Klappe hinten

Die großen Höfe des Südens

Im Süden Gotlands sind einige große Bauernhöfe erhalten, die einen sehr guten Eindruck vom Leben auf dem Lande im 18. und 19. Jahrhundert vermitteln. Um diese Museumshöfe zu besuchen, fährt man von Ljugarn auf der Straße 144 nach **Hemse**, von Visby nimmt man die Straße 142, der man ab Hemse bis **Grötlingbo** folgt. Wer die Nebenstraße über Rone nimmt, kann noch einen Abstecher zum Fischerdorf Tomtbod machen, bevor es nach Grötlingbo geht. Mit dem Hof Kattlunds erreicht man als erstes den Hof mit der längsten Tradition. Seine Besitzer lassen sich bis in das Jahr 1412 zurückverfolgen. Trotz häufiger Umbauten finden sich Teile des Hofes, die aus dem späten Mittelalter stammen. Ein Besuch auf Kattlunds lohnt vor allem im Juli, wenn hier im Vorfeld der Mittelalterwoche ein Ritterturnier hoch zu Roß stattfindet.

In **Burgsvik** gibt es eine Reihe von Möglichkeiten für die Mittagspause, bevor man weiter in Richtung **Vamlingbo** fährt. Bottarvegården fällt durch das strohgedeckte Dach auf, das das Gebäude sehr niedrig, geradezu geduckt wirken läßt. Kunstgewerbliches, vor allem Kleidung, findet man bei Vamlingbolaget im Ort. Wenn man schon so weit im Süden ist, sollte man sich die schöne Küstenstraße, die bei Vamlingbo abzweigt, nicht entgehen lassen. Sie führt am Meeresufer entlang zum Steinbruchmuseum von **Kettelvik** und weiter nach Hoburg an die Südspitze. Einkehrmöglichkeiten bestehen in Hoburg, Holmhällar und Hamra. Bei Burgsvik hat man in nördlicher Richtung einen schönen Blick auf die Windkraftwerke von Näs. Hier muß man sich links halten, um auf die Straße 140 zu kommen. Bei **Hablingbo** geht es dann erneut links ab zu Petes gård, dem dritten großen Hof im Süden. Von der Lage her mit dem Blick auf das Meer ist Petes der schönste Hof. Die Einrichtung aus dem 18. Jahrhundert macht einen Besuch zur Zeitreise. Angenehm an den Museumshöfen ist die Tatsache, daß sie sehr lebendig wirken und häufig über eine kleine Restauration verfügen. Im Garten von Petes gård fühlt man sich schnell wie der Großbauer persönlich, wenn er nach getanem Tagewerk eine Tasse Kaffee genießt. Das Landwirtschaftsmuseum in **Havdhem** rundet das Bild des bäuerlichen Lebens auf Gotland ab. In Hablingbo besteht noch die Möglichkeit zum Besuch der Glashütte Rauk und des kunstgewerblichen Ladens im Hollingworth Magazin. Nach Visby kommt man am schnellsten über die Straße 140 zurück, nach Ljugarn über Havdhem und Hemse auf den Straßen 142 und 144. Für weitere Besichtigungen auf der Strecke zurück nach Visby wird normalerweise kaum Zeit bleiben.

Dauer: ein Tag
Länge: ca. 190 km
Karte: → Klappe hinten

Auskunft

Schweden-Werbung für Reisen und Touristik
Lilienstr. 19
20095 Hamburg
Tel. 040/33 01 85, Fax 33 05 99

Gotlands Turistforeningen
Box 1403
S-62125 Visby
Tel. 04 98/24 70 65, Fax 27 89 40

Bevölkerung

Gotland hat etwa 57 000 Einwohner. Fast die Hälfte davon, nämlich rund 22 000 Menschen, lebt in Visby. Zweitgrößter Ort der Insel ist Slite im Norden.

Camping

Es gibt zwar eine Reihe von Campingplätzen auf der Insel, doch nur wenige halten im nationalen Vergleich stand. Mit der Campingkarte des SCR, die pro Jahr 49 Kronen kostet, kommt man auf Gotland nicht weit. Nur der Platz in Tofta verlangt die SCR-Karte. Sie macht dann Sinn, wenn man auf dem Weg von oder nach Gotland auch auf dem Festland campen will. Die übrigen Plätze auf Gotland sind sehr naturnah, doch vom Standard her einfach. Campinghütten, die man nur tageweise buchen kann, gibt es nicht in der Form wie auf dem schwedischen Festland. Die Hüttenanlagen, die mit Campingplätzen kombiniert sind, beispielsweise in Åminne, Suderstrand oder Tofta, werden in der Hauptsaison nur wochenweise vermietet, häufig auch über die örtlichen Veranstalter Gotlands Turistservice oder Gotlands Turistcenter.

Diplomatische Vertretungen

Botschaft der Bundesrepublik Deutschland
Skarpögatan 9
11527 Stockholm
Tel. 08/6 70 15 00, Fax 6 61 52 94

Konsulat der Bundesrepublik Deutschland
Strandgatan 18
62156 Visby
Tel. 04 98/21 77 98

Österreichische Botschaft
Kommendörsgatan 35
11458 Stockholm
Tel. 08/23 34 90, Fax 6 62 69 28

Schweizer Botschaft
Birger Jarlsgatan 64
10041 Stockholm
Tel. 08/6 76 79 00, Fax 21 15 04

Feiertage

1. Jan.	Neujahr
6. Jan.	Dreikönig
Karfreitag	
Ostermontag	
1. Mai	Tag der Arbeit
Christi Himmelfahrt	
Pfingstmontag	
Mittsommer	Samstag, der dem 23. Juni am nächsten liegt
1. Nov.	Allerheiligen
24. Dez.	Heiligabend
25. Dez.	1. Weihnachtstag
26. Dez.	2. Weihnachtstag
31. Dez.	Silvester

Ferienhäuser

Die meisten deutschen Gäste wohnen auf Gotland in einem Ferienhaus. Sie befinden sich in Privatbesitz und werden über die örtlichen Anbieter vermietet. Die beiden Veranstalter vertreiben ihre Häuser auch in Deutschland über Reisebüros, insbesondere die der Spezialveranstalter. Es gibt kaum Ferienhäuser, die nicht in einem der beiden Programme aufgeführt sind. Sie werden normalerweise nur wochenweise vermietet. Außerhalb der Hauptsaison sind auf Anfrage auch abweichende Mietzeiträume möglich.

Viele der Ferienhäuser liegen auf dem Lande, die wenigsten wurden von vornherein als Ferienhaus konzipiert. Der Standard ist so unterschiedlich wie der Geschmack der Besitzer. Die beiden Anbieter bemühen sich um eine Klassifizierung, doch das ist schwierig. In der niedrigsten Kategorie holt man das Wasser vor dem Haus aus einer Pumpe. In der höchsten Kategorie findet man Farb-TV, einen Kamin und einen Schlafraum ohne Etagenbetten vor. Letztere sind leider recht verbreitet, sehr zum Leidwesen von Frischverliebten. Die überwiegende Zahl der Häuser rangiert in der zweithöchsten Klasse, die in der Hauptsaison mit 1200 bis 1400 SEK zu Buche schlägt. Entscheidend ist ohnehin die Lage des Hauses. Die Ferienhauskataloge sind erhältlich bei

Gotlands Turistcenter
Korsgatan 2
62157 Visby
Tel. 04 98/27 90 95, Fax 21 97 20

Gotlands Turistservice
Östervåg 1
62145 Visby
Tel. 04 98/20 60 00, Fax 24 90 59

Fernsehen

Auf Gotland sind alle Fernsehsender wie auf dem schwedischen Festland zu sehen. Zwei staatliche Programme werden ergänzt durch mehrere private Satelliten-TV-Stationen. Im Prinzip sind die deutschen Sat-TVs auch auf Gotland zu empfangen. Die wenigsten Hotels stellen aber ihre Antennen darauf ein.

FKK

Offiziell als solche ausgewiesene FKK-Strände gibt es in Schweden nicht, verboten ist Nacktbaden aber nicht. Die Schweden sind weit prüder als ihr Ruf, etwas Rücksichtnahme ist geboten. Auf Gotland gibt es aber genügend abgelegene Strände.

Fotografieren

Das Fotografieren ist problemlos möglich. Ausnahmen sind Luftaufnahmen, die ausschließlich für private Zwecke genutzt werden dürfen, und militärische Anlagen. Letzteres gilt insbesondere für Fårösund und Umgebung.

Geld

Die Landeswährung heißt Schwedische Krone (SEK). 100 Öre sind eine Krone, 100 SEK entsprechen ca. 23,95 DM (September 1996).

Kreditkarten sind in Schweden weiter verbreitet als in Deutschland. Der Wechselkurs bei der Nutzung von Kreditkarten ist fast immer günstiger, als wenn man Bargeld getauscht hat. Es macht keinen Unterschied, ob man in Deutschland oder in Schweden Geld tauscht. Sowohl mit der Kreditkarte als auch mit der EC-Karte kann man an Geldautomaten Bargeld abheben. Die Zahl der Automaten ist auf Gotland sehr beschränkt. **Euroschecks** können nur in Banken, aber nicht in Postämtern eingelöst werden.

Mehrere Banken und Sparkassen gibt es in Visby, Slite und Hemse sowie in Klintehamn, Fårösund und Burgsvik. Sie haben überwiegend werktags von 9.30–15 Uhr geöffnet, donnerstags meist länger. Zudem gibt es in einigen Dörfern wie Garde, Lau und Burs noch einige Sparkassen, die nur an zwei Nachmittagen pro Woche geöffnet sind.

Kleidung

Gotland ist eine Insel mit einem ausgeprägt maritimen Klima. Die Sommer sind moderat, die Winter relativ milde. Einzelne richtig heiße Tage können durchaus vorkommen. Sommerurlauber sollten eine Windjacke im Gepäck haben. Den fehlenden Pullover kann man auch gut auf der Insel kaufen. Für die übrigen Jahreszeiten braucht man sich nicht groß anders einzukleiden als daheim. Im Hinterkopf sollte man aber immer haben, daß man am Wasser schneller friert, vor allem wenn noch Wind hinzukommt. Plus vier Grad am Wasser können als kälter empfunden werden als minus zehn Grad bei trockener Kälte.

Tagsüber ist die Kleidung sportlich leger, ob man, wie viele schwedische Urlauber, den ganzen Tag im Jogginganzug herumlaufen möchte, muß jeder selbst entscheiden. Abends ist es in Restaurants ab der mittleren Klasse aufwärts üblich, sich etwas eleganter zu kleiden. Ein Sakko für den Herrn ist abends durchaus angemessen. Doch was sonst in Schweden gilt, ist in der Hauptsaison auf Gotland fast außer Kraft gesetzt. Zum einen sitzt man bei schönem Wetter gern draußen, zum anderen schlägt die Urlaubskultur auf die Kleidungsfrage durch. Man kann die Restaurants auf Gotland, in denen abends elegantere Kleidung erwünscht ist, an einer Hand aufzählen.

Wechselkurs-Umrechnungstabelle

SEK	DM	sFr	ÖS
1	0,24	0,20	1,67
5	1,20	0,99	8,37
10	2,39	1,98	16,73
20	4,80	3,96	33,46
30	7,17	5,95	50,19
50	11,95	9,92	83,65
100	23,95	19,83	167,30
250	59,75	49,59	418,25
500	119,50	99,19	836,50
750	179,25	148,99	1254,75
1000	239,50	198,37	1673,00

Stand: November 1996

Medizinische Versorgung

Deutsche Urlauber benötigen einen Auslandskrankenschein (E111) von ihrer Krankenkasse, um behandelt zu werden. Niedergelassene Ärzte gibt es kaum, die medizinische Versorgung erfolgt in Ärztezentren. Der ärztliche Dienst heißt **Vårdcentral** und befindet sich in Fårösund, Hemse, Klintehamn, Roma, Slite und Visby sowie einigen Außenstellen dieser Ärztezentren. Ein Krankenhaus mit einer Akutambulanz gibt es in Visby. Mit Zahnschmerzen sollte man sich an **Folktandvården** in Burgsvik, Fårösund, Hemse, Klinthamn, Ljugarn, Lärbro, Roma, Slite, Visby oder an die Zahnmedizinische Abteilung des Krankenhauses in Visby wenden. Die Adressen finden sich auf den grünen (kommunalen) Seiten des Telefonbuches. Apotheken gibt es in Hemse, Klintehamn, Roma, Slite und Visby. Sie sind montags bis freitags von 9–18 Uhr geöffnet.

Notruf

Polizei, Ambulanz und Arzt:
Tel. 9 00 00
Vom Mobiltelefon im GSM-Netz:
Tel. 1 12

Politik

Schweden ist eine konstitutionelle Erbmonarchie, an deren Spitze formell König Carl XVI. Gustaf und Königin Silvia stehen. Das Königshaus hat nur repräsentative Aufgaben. Regiert wird das Land durch eine vom **Riksdag** (Reichstag) gewählte Regierung. Der Reichstag wird seit der Änderung des Wahlgesetzes alle vier Jahre gewählt.

Gotland ist gleichzeitig ein **län**, also eine Provinz, und eine Kommune. Die Doppelfunktion hängt einerseits mit der dünnen Besiedlung der Insel zusammen. Andererseits sichert der Status als län in gewisser Weise das althergebrachte Selbstbestimmungsrecht der Gotländer.

Post

Das Hauptpostamt in Visby hat werktags von 9.30–18, samstags von 10–13 Uhr geöffnet. Weitere Postämter liegen über die Insel zwischen Burgsvik und Fårösund verteilt. Das Porto für Briefe und Ansichtskarten nach Deutschland und andere Staaten in Europa kostet 6 SEK.

Reisedokumente

Für die Einreise genügen Personalausweis oder Reisepaß. Kinder benötigen einen Kinderausweis oder sollten im Paß der Eltern eingetragen sein.

Reiseveranstalter

Gotland ist nur über wenige Spezialveranstalter buchbar. Dazu zählen:

Reisebüro Norden
Ost-West-Str. 70
20457 Hamburg
Tel. 0 40/3 60 01 50

Schwedisches Reisebüro
Kurfürstendamm 71
10711 Berlin
Tel. 0 18 03/34 34 74

Skandinavisches Reisebüro
Calwer Str. 17
70173 Stuttgart
Tel. 07 11/2 26 30 61

Reisewetter

Das Wetter auf Gotland ist oft besser als sonstwo in Nordeuropa. Die Niederschlagsmengen liegen im dreißigjährigen Mittel unter denen von München oder Hamburg, die Zahl der Sonnenstunden ist ebenfalls überdurchschnittlich hoch.

Die Mitternachtssonne ist auf Gotland nicht zu sehen, dafür liegt es noch zu weit vom nördlichen Polarkreis entfernt. Trotzdem sind die Tage im Juni deutlich länger als daheim. Vor allem Fotografen lieben das flache Licht der Abend- und Morgensonne.

Rundfunk

Radio Schweden sendet zwischen 20.30 und 21.30 Uhr auf Mittelwelle (1179 kHz) ein deutschsprachiges Programm, das in Nordeuropa empfangen werden kann.

Sprache

Englisch ist in Schweden als erste Fremdsprache weit verbreitet, Deutsch wird auch, aber nicht so häufig gesprochen. Ganz ohne Englischkenntnisse hat man es auf Gotland nicht so leicht. In Visby verfügt eine ganze Reihe von Restaurants über englisch- und deutschsprachige Speisekarten.

Stromspannung

220 Volt. Badezimmer sind nur mit 110-Volt-Steckdosen für Rasierapparate ausgestattet.

Telefon

Telefonkarten für öffentliche Fernsprecher bekommt man im Laden der Telefongesellschaft Telia (Visby, Adelsgatan 16) und in Kiosken.

Ländervorwahlen:
S → D: 00949
S → A: 00943
S → CH: 00941
D, A, CH → S: 0046

Die genauen Klimadaten von Visby

	Durchschnittstemperaturen in °C		Sonnenstunden	Regentage
	Tag	Nacht	pro Tag	
Januar	1,0	-2,7	1,2	11
Februar	0,5	-3,6	2,3	9
März	2,8	-2,4	4,7	7
April	7,9	1,3	7,2	6
Mai	13,5	5,3	9,2	6
Juni	18,2	10,6	10,6	6
Juli	20,9	13,7	9,5	8
August	20,0	13,0	8,2	8
September	15,4	10,6	6,3	9
Oktober	10,5	6,1	3,2	10
November	6,1	2,2	1,1	10
Dezember	3,4	0,0	0,7	12

Quelle: Deutscher Wetterdienst, Offenbach

Tiere

Im Prinzip dürfen Haustiere mit nach Schweden gebracht werden, die Formalitäten sind aber so gestaltet, daß viele es freiwillig sein lassen. Verlangt werden Impfungen und ein neues Gesundheitszeugnis. Antragsformulare und nähere Informationen bei:

Statens Jordbruksverk
Smittskydsenheten
55182 Jönköping
Tel. 00 46/36/15 50 00, Fax 71 51 14

Trinkgeld

Service ist bei allen Dienstleistungen im Preis inbegriffen. Im Taxi und im Restaurant ist es üblich, den Betrag angemessen aufzurunden. Trinkgeld beim Friseur ist unüblich.

Wirtschaft

Gotland ist Bauernland. Doch die Bauern haben nicht nur von Landwirtschaft gelebt. Sie waren gleichzeitig Fischer und gewannen Kalkstein. Das Brechen und Brennen von Kalk wuchs schnell zu einer frühindustriellen Produktion mit herrschaftlichen Strukturen an. Der Kalkpatron war häufig der mächtigste Mann im Dorf. Visby hingegen hat sich von Anfang an als Stadt verstanden. Hier blühten Handel und Gewerbe. Das ist bis heute so geblieben: In Visby laufen die Drähte von Handel und Dienstleistungsbetrieben zusammen. Ein wichtiger Arbeitgeber ist dabei die öffentliche Hand.

Es gibt nur wenig Industrie auf Gotland. Der Kommunikationskonzern Ericsson verfügt über ein großes Werk bei Visby, in dem etwa 1000 Gotländer Arbeit finden. In Slite ist mit Cementa einer der größten euopäischen Zementhersteller beheimatet. Zwei Millionen Tonnen Zement werden jährlich mit nur 400 Mitarbeitern hergestellt. In Storugns gegenüber von Kapellshamn liegt ebenfalls ein großer Kalksteinbruch.

Eine wichtige Einnahmequelle ist der Tourismus geworden, an dem etwa 2000 Arbeitsplätze, darunter einige saisonale Jobs, hängen. Auch die Angestellten der Fährschiffreederei kommen überwiegend von der Insel.

Zeit

In Schweden herrscht MEZ bez. MESZ. Die Umstellung auf Sommerzeit entspricht der deutschen Regelung.

Zeitungen

Auf Gotland gibt es zwei konkurrierende Lokalzeitungen, die nur aufgrund der in Schweden gewährten staatlichen Subventionen zur Erhaltung der Pressevielfalt (**presstöd**) überleben können. Deutschsprachige Tageszeitungen sind in Visby, sowie in einigen Supermärkten und Geschäften in der Hauptsaison erhältlich, allerdings mit einer gewissen Zeitverzögerung.

Zoll

Zollfrei eingeführt werden dürfen von EU-Bürgern, die nicht in Schweden wohnen: 1 l Spirituosen (über 22 % Vol) oder 3 l Starkwein (über 15 % Vol) sowie 5 l Wein und 15 l Bier, wenn man über 20 Jahre alt ist, und ab dem 16. Lebensjahr 300 Zigaretten oder 150 Zigarillos oder 75 Zigarren oder 400 g Tabak. Ein Überschreiten der Mengen ist gegen Verzollung möglich. Werden die Waren, die die zulässige Menge überschreiten, nicht angemeldet, wird dies als Schmuggel betrachtet.

600 v. Chr.–500 n. Chr.
Zur Eisenzeit lag Gotland bereits im Schnittpunkt der Handelswege auf der Ostsee. Davon zeugen Funde römischer und arabischer Münzen.

800–1050
Wikingerzeit. Gotland wird eine feste Größe in den Handelsbeziehungen zwischen dem skandinavischen Festland, dem Baltikum und der norddeutschen Küste. Zum Ausgang der Wikingerzeit beherrschen die Gotländer den Ostseehandel.

1134
Der 1133 zum Kaiser gewählte Lothar III., Herzog von Sachsen, gewährt den Gotländern Abgabenfreiheit »im ganzen Reich«.

1161
Gründung der Genossenschaft der Gotland besuchenden deutschen Kaufleute (universi mercatores Imerii Romani Gotlandiam frequentantes). Dies gilt als die Gründungsstunde der Hanse.

1163
In der Artlenburg-Urkunde räumt Herzog Heinrich der Löwe den gotländischen Kaufleuten erneut weitgehende Handelsprivilegien ein. Gotland ist eine freie, selbständige Bauernrepublik.

1225
Die Kirche Sta. Maria wird in Visby eingeweiht. Auf dem Lande entstehen viele repräsentative Kirchen.

1260–1288
Bau der Stadtmauer um Visby.

1288
Kurzer Bürgerkrieg zwischen der Stadt Visby und den Bauern der Insel.

1361
Der dänische König Valdemar Atterdag schlägt das Heer der gotländischen Bauern und erobert Visby.

1389
Herzog Albrecht von Mecklenburg wird als schwedischer König abgesetzt. Aus Rache beginnt er einen Kaperkrieg auf der Ostsee. Die Unterschiede zwischen herzoglichen und »richtigen« Seeräubern verwischen. Gotland wird einer der Stützpunkte der Vitalienbrüder.

1397
In der Kalmarer Union vereinigt die dänische Königin Margarethe die nordischen Länder Schweden, Dänemark und Norwegen unter ihrer Herrschaft. Sie erhebt auch Anspruch auf Gotland.

1398–1407
Der deutsche Orden geht mit Duldung von Königin Margarethe gegen die Seeräuber vor und erobert Gotland. Mit dem Rückzug des Deutschen Ordens wird Gotland ein Teil der Dänisch-Schwedischen Union.

1523
Gutstav Wasa erhebt sich gegen die dänische Vorherrschaft. Er wird zum König Schwedens ausgerufen. Die schwedische Unabhängigkeit ist wieder hergestellt. Gotland wird dänisch.

1524–1525
Schwedische und Lübecker Truppen belagern Visby. 1525 durchbrechen die Lübecker die Stadtmauer und brennen die Stadt nieder.

1630–1648
Der schwedische König Gustav II. Adolf greift in den Dreißigjährigen Krieg ein und verhindert eine Niederlage der Protestanten. Schweden wird eine Großmacht.

1645
Im Frieden zu Brömsebo tritt Dänemark u. a. Halland und Gotland an Schweden ab. Gotland wird erstmals schwedisch.

1676
Dänische Truppen greifen Gotland an und erobern die Insel vorübergehend.

1700–1718
Der schwedische König Karl XII. greift Rußland an, muß aber Verluste hinnehmen. Russische Truppen verheeren Gotland.

1700–1800
Die gotländischen Kalkbrennereien gehen zunehmend in das Eigentum von Großgrundbesitzern über. Ihre Höfe heißen Kalkpatronsgården.

1808
Während der Napoleonischen Kriege besetzen russische Truppen Gotland für drei Wochen.

1853–1856
Krimkrieg. Mehrere hundert englische und französische Kriegsschiffe suchen Zuflucht im Sund zwischen Fårö und Gotland, um von dort aus die zu Rußland gehörenden Åland-Inseln anzugreifen.

1860
Besuch der kränkelnden Prinzessin Eugenie auf Gotland. Beginn des Tourismus.

1878
Bau der ersten Eisenbahnstrecke auf Gotland von Hemse nach Roma. Erweiterung der Strecken bis Visby, Burgsvik, Slite und Lärbro in den folgenden Jahrzehnten.

1885
Fårösund wird zum Kriegshafen ernannt, um den Sund zukünftig vor fremden Truppen schützen zu können.

1905
Einseitige, aber friedliche Auflösung der schwedisch-norwegischen Union.

1915–1945
Im Ersten und Zweiten Weltkrieg bleibt Schweden formell neutral, doch eher deutschfreundlich, was Kritik bei den nordischen Nachbarn auslöst.

1973
König Carl XI. Gustaf tritt die Nachfolge seines verstorbenen Großvaters Gustav VI. Adolf an.

1979
Eine Verfassungsreform ermöglicht die weibliche Thronfolge. Damit wird die 1977 geborene Prinzessin Victoria zur neuen Thronfolgerin.

1994
Ein Volksentscheid endet mit einer knappen Mehrheit für den EU-Beitritt, der offiziell zum 1. Januar 1995 erfolgt.

6. Dezember 1995
Visbys Altstadt wird mitsamt der Stadtmauer von der UNESCO auf die Liste des schützenswerten Weltkulturgutes aufgenommen.

Hier finden Sie die in diesem Band beschriebenen Orte und Ausflugsziele. Außerdem enthält das Register wichtige Stichworte, landessprachliche Bezeichnungen sowie alle Tips dieses Reiseführers. Wird ein Begriff mehrfach aufgeführt, verweist die **fett** gedruckte Zahl auf die Hauptnennung. Die **Zahlen-Buchstaben-Kombinationen** nach den Seitenangaben verweisen auf die Planquadrate der Karten.

MERIAN *live!* bringt Licht in den Norden.

Wo sonst in Europa läßt sich unberührte Natur so eindrucksvoll erleben wie im hohen Norden. Faszinierende Fjordlandschaften, dramatische Gletscherberge, klare Seen und einladende Strände. Dazwischen warmherzige Gastfreundschaft und junge, pulsierende Städte.

MERIAN *live!* bringt Ihnen all dies zum Greifen nah. Mit seinem erlebnisorientierten Konzept und gewohnt klaren Texten.

8 Reiseführer stehen zur Wahl: Island, Norwegen, Norwegen mit dem Postschiff, Dänemark, Schweden - Der Süden, Finnland, Kopenhagen, Stockholm.

ISBN 3-7742-0299-0.

Änderung und Irrtum vorbehalten.

ISBN 3-7742-0380-6

ISBN 3-7742-0343-1

ISBN 3-7742-0283-4

ISBN 3-7742-0297-4

Mehr draus machen
Mit Gräfe und Unzer

GU GRÄFE UND UNZER

An unsere Leserinnen und Leser:

Wir freuen uns, Ihre Meinung zu diesem Reiseführer zu erfahren. Bitte schreiben Sie uns, wenn Sie Berichtigungen und Ergänzungsvorschläge haben oder wenn Ihnen etwas besonders gut gefällt:

Gräfe und Unzer Verlag
Reiseredaktion
Stichwort: MERIAN live!
Postfach 40 07 09
Isabellastraße 32
80707 München

Alle Angaben in diesem Reiseführer sind gewissenhaft geprüft. Preise, Öffnungszeiten usw. können sich aber schnell ändern. Für eventuelle Fehler übernimmt der Verlag keine Haftung.

Lektorat und
Bildredaktion: Jan Scherping
Kartenredaktion:
Dagmar Piontkowski

Gestaltung: Ludwig Kaiser
Umschlagfoto: U. Haafke: Raukar auf Fårö
Karten: Kartographie Huber
Produktion: Helmut Giersberg
Satz: Hubert Feldschmied
Druck und Bindung: Appl, Wemding
ISBN 3-7742-0457-8

Fotos
Alle Fotos U. Haafke außer
J. Meier 17, 109

Dieses Buch wurde auf chlorfrei gebleichtem Papier gedruckt

1. Auflage 1997